时代印记

王志艳◎编著

诸葛亮

延边大学出版社

图书在版编目（CIP）数据

寻找诸葛亮 / 王志艳编著 .—延吉 : 延边大学出版社，2013.8(2020.7 重印)

ISBN 978-7-5634-5932-2

Ⅰ . ①寻… Ⅱ . ①王… Ⅲ . ①诸葛亮（181 ~ 234）—传记—青年读物②诸葛亮（181 ~ 234）—传记—少年读物 Ⅳ . ① K827=362

中国版本图书馆 CIP 数据核字 (2013) 第 210681 号

寻找诸葛亮

编著：王志艳
责任编辑：李　宁
封面设计：映像视觉
出版发行：延边大学出版社
社址：吉林省延吉市公园路 977 号 邮编：133002
电话：0433-2732435 传真：0433-2732434
网址：http://www.ydcbs.com
印刷：唐山新苑印务有限公司
开本：690 × 960　1/16
印张：11 印张
字数：100 千字
版次：2013 年 8 月第 1 版
印次：2020 年 7 月第 3 次印刷
书号：ISBN 978-7-5634-5932-2
定价：29.80 元

前言

历史发展的每一个时代，都会有对后世产生巨大影响的人物，都会有推动我们前进的力量。这些曾经创造历史、影响时代的英雄，或以其深邃的思想推动了世界文明的进步，或以其叱咤风云的政治生涯影响了历史的进程，或以其在自然科学领域中的巨大成就为人类造福……

总之，他们在每个时代都留下了深深的印记，烙上了特定的记号。因为他们，历史的车轮才会不断前进；因为他们，每个时代的内容才会更加精彩。他们，已经成为历史长河的风向标，成为一个时代的闪光点，引领着我们后人走向更加深邃的精神世界和更加精彩的物质世界。

今天，当我们站在一个新的纪元回眸过去的时候，我们不能不提起他们的名字，因为是他们改变了我们的世界，改变了人类历史的发展格局。了解他们的生平、经历、思想、智慧，以及他们的人格魅力，也必然会对我们的人生产生深刻的影响。

为了能了解并铭记这些为人类历史发展做出过巨大贡献的人物，经过长时间的遴选，我们精选出一些最具影响力、最能代表时代发展与进步的人物，编成这套《时代印记》系列丛书，其宗旨是：期望通过这套青少年乐于、易于接受的传记形式的丛书，对青少年读者的成长产生潜移默化的影响，使他们能够从中吸取到有益的精神元素，立志奋进，为祖国、为人类作出自己的贡献。

前言

本套丛书写作角度新颖，它不是简单地堆砌有关名人的材料，而是精选了他们一生当中最富有代表性的事迹与思想贡献，以点带面，折射出他们充满传奇的人生经历和各具特点的鲜明个性，从而帮助我们更加透彻地了解每一位人物的人生经历及当时的历史背景，丰富我们的生活阅历与知识。

通过阅读这套丛书，我们可以结识到许多伟大的人物。与这些伟人“交往”，也会进一步提高我们的思想品格与道德修养，并以这些伟人的典范品行来衡量自己的行为，激励自己不断去追求更加理想的目标。

此外，书中还穿插了许多与这些著名人物相关的小知识、小故事等。这些内容语言简练，趣味性强，既能活跃版面，又能开阔青少年的阅读视野，同时还可作为青少年读者学习中的课外积累和写作素材。

我们相信，阅读本套丛书后，青少年朋友们一定可以更加真切、透彻地了解这些伟大人物在每个时代所留下的深刻印记，并从中汲取丰富的人生经验，立志成才。

导言

Introduction

诸葛亮（181—234年），字孔明，徐州琅邪阳都县（今山东省沂南县）人。三国时期蜀汉丞相。中国历史上著名的政治家、军事家、散文家、发明家，也是中国传统文化中忠臣与智者的代表人物。诸葛亮在世期间，曾担任蜀汉丞相，封武乡侯，辞世后追谥为“忠武侯”，因此后世也尊称其为武侯、诸葛武侯。

诸葛亮出生于中国东汉末年的乱世之中，幼年丧母，在家乡度过童年生活。后父亲去世，14岁的诸葛亮便跟随叔父诸葛玄避乱南迁。17岁时，叔父诸葛玄去世，诸葛亮便入隆中居住10年。在这10年当中，他一面刻苦攻读，获取知识，一面积极结交当地名士，扩大自己的社交范围。通过不断努力，诸葛亮获得了丰富的文学、史学、军事及科学知识，同时也积累了丰富的社会经验，形成了对当时政治、军事形势的精辟见解。

公元207年，刘备慧眼识珠，三顾隆中邀请诸葛亮出山。诸葛亮感念于刘备的坦诚及知遇之恩，遂决定出山从政，协助刘备兴复汉室，并先后辅佐刘备、刘禅父子长达27年，直至54岁病逝。

纵观诸葛亮的一生，其突出之处并不在于《三国演义》中所虚构的足智多谋和神机妙算，而在于他所建立的事业功绩以及一生中所表现出来的崇高品德。

从事业上说，诸葛亮在政治上辅佐刘备开创基业，建立蜀国；辅佐后主刘禅撑持危局，共济时艰。虽然期间历尽艰险，但他始终恪尽职守；虽然位高权重，但却不见疑于君主。

从军事上说，诸葛亮亲自指挥平定南中、北伐曹魏；同时又以法治蜀、以法治军，并撰写了不少政治理论著作和军事理论著作。这些卓越的政治功绩及军事功绩，也让诸葛亮成为中国历史上著名的政治家和军事家。

从品德上说，诸葛亮廉洁自律、忠贞事主，一生矢志不渝，协助刘氏兴复汉室，可谓“鞠躬尽瘁，死而后已”，其精神堪称万世楷模，深受后人敬仰。

因此，诸葛亮一生所创立的卓越事业及所表现出来的高尚精神，令他不但成为三国时期蜀汉最著名的丞相，也成为中国古代历史上的名相之一。

本书从诸葛亮的少年时期开始写起，一直追溯到他辅佐刘备、刘禅父子所取得的卓越成就，全面描述了这位中国古代贤相在政治、军事、经济、法制、科学等思想领域所展现出来的熠熠光彩，旨在让广大青少年朋友了解这位一代名相传奇的人生经历，并从中学习他那种忠贞廉洁、严于律己、鞠躬尽瘁、死而后已的高尚品德，以及他那种“非淡泊无以明志，非宁静无以致远”的人格情操。

目录

contents

目录

第一章　乱世奇才

夫志当存高远，慕先贤，绝情欲，弃疑滞，使庶几之志，揭然有所存，恻然有所感；忍屈伸，去细碎，广咨问，除嫌吝，虽有淹留，何损于美趣，何患于不济。若志不强毅，意不慷慨，徒碌碌滞于俗，默默束于情，永窜伏于平庸，不免于下流矣！

——（三国）诸葛亮

（一）

三国时期的纷争，源起于东汉末年的政治腐化。东汉时期，在经过了极其平实的“明章之治”后，从第四位汉帝和帝开始，皇帝大都年幼即位。由于皇帝年幼无知，他们的母后便理所当然地肩负起掌政治国的重任，因而也引入了一些外戚，导致外戚专权。

东汉时期的外戚在才能方面与西汉时期根本无法相比，但他们的横暴跋扈、奢侈腐化却又有过之而无不及，互相之间也争权夺利，结果导致外戚大封诸侯的情形发生。

但皇帝长大后，又无法忍受外戚的专权，遂想方设法结合宦官或地方上的力量消灭外戚势力。于是，东汉的政局便在外戚和宦官的互相争斗中，趋向动荡倾颓。

第五位汉帝桓帝，虽然是由外戚梁冀所立，但由于梁冀实在太过跋扈，政治上无法无天，生活上更是骄奢淫逸，汉桓帝对其恨之入骨。于是，汉桓帝又与宦官联合起来，排斥梁氏一族，并依靠宦官诛灭了梁氏，没收了他的家财30多亿，其数目之多相当于全国半年的财政收入。

汉桓帝在联合宦官消灭梁氏的同时，还联合了地方上的宿儒名学，希望借助他们的力量来推行新政。

东汉时期，知识分子的力量十分强大，并在无形中形成了一股左右政治的力量。他们虽然痛恨外戚当权，但对于宦官乱政的行为也十分不满。因此在汉桓帝重用他们后，他们便开始对宦官大加攻擊。结果，汉桓帝根本无法控制这种情势，只得又反过来听从宦官的煽动，误指士大夫们结党营私。

为此，在汉桓帝、汉灵帝在位期间，东汉王朝先后发生了两次惊天动地的“党锢之祸”。从此，勇于清谈的士大夫们被大肆捉拿，宦官因此也更加目中无人，左右政局。

经过了两次“党锢之祸”后，朝廷中元气大伤，朝纲愈加紊乱，政治愈加黑暗，社会矛盾也进一步激化。无法生存而流亡四方的贫民，不得不揭竿起义。

于是，各地起义接连不断，起义规模和参加人数也越来越大、越来越多。汉桓帝在位的前后21年间，农民起义共发生14次。汉灵帝在位在12年间，农民起义共发生6次，其中规模最大、影响最深的一次，是爆发于公元184年的“黄巾起义”。

黄巾起义是由冀州巨鹿（今河北省平乡境）人张角所领导。他自称为天公将军，其弟弟张宝称地公将军、张梁称人公将军，兄弟三人共同指挥群众。他们头裹黄色的头巾，高举黄色的大旗，手里拿着各种武器杀向各级政府。

当时，由于国家政治一片黑暗，民不聊生，因此黄巾军所到之处，响应的民众都非常热烈，蔓延的地区也非常之广。很快，各方黄巾军从北、东、南三个方向对京师洛阳形成了包围之势。旬日之间，天下震动，京师震动。东汉政府的统治岌岌可危。

起义开始后，群众纷纷响应，或入伍起义，或送粮送衣，起义军发展很快。义军攻克城镇后，往往烧毁官府，杀掉贪赃官吏，摧毁豪强地主的田庄，没收他们的土地和财物，开仓赈济贫民。贪官污吏平时作威作福，一听说起义军来了，顿时吓破了胆，个个都如丧家之犬，忙收拾财物逃之夭夭。

当时，朝廷调派外戚大将何进负责保卫京城，并加强地方兵权，释放党锢之禁，以安定民心。此时，沛国谯（今安徽省亳州）人、官拜骑都尉、年30岁的曹操，吴郡富春（今浙江省富阳）人、年29岁的孙坚，以及年24岁的涿郡（今河北涿州）人刘备，皆从军参加了讨伐黄巾军的战斗，以求立功。

黄金起义很快就镇压下去，但起义对后汉的政局却是致命性的一击。同时，由于朝廷在平定黄巾军起义时借重于地方兵权，也导致地方上的长官拥兵自重，并渐渐形成一股强大的势力。

不久，汉灵帝崩殂，少帝即位，由其母何太后听政。随后，太后之兄何进便独揽朝政，并与司隶校尉袁绍合谋，企图召关东的外兵来诛灭宦官。不料事情泄露，外兵尚未抵达京师，何进就被宦官杀掉了。于是，袁绍便发兵将宦官2000余人全部赶尽杀绝。

接着，董卓率领外兵赶到京城，废掉少帝，改立献帝，并迁都长安。但是，袁绍反对废掉少帝，便号召地方群雄起而声讨董卓。

当时，宣言要讨伐董卓的还有后将军袁术、冀州牧韩馥、豫州刺史孔伷、长沙太守孙坚及兖州刺史刘岱。而在辽东的公孙度和荆州的刘表、益州的刘焉等，也都在吸收由中原落难而来的士民，企图扩展自己的力量。

不久，董卓因过分残暴，被吕布所杀，他的部将们又互相攻擎，汉献帝趁机逃回洛阳，结果却被兖州牧曹操迎接到许（今河南省许昌西南）。从此，朝廷政权转移，实际大权落入曹操之手。而曹操也运用了“挟天子以令诸侯”的手段，企图消减地方割据，扩大自己的力量。

献帝建安二年（197），曹操于官渡（今河南省中牟县东北）大败袁绍军。三年，曹操又平服了吕布的势力。五年，曹操收揽了散居在东北的冀、青、并、幽四州的袁绍军兵，统一了整个北方。这时，所剩下的割据范围仅有益州（今四川）的刘章（刘焉之子）、江东（扬子江下游）的孙权（孙坚之子），以及汉中的张鲁和荆州（湖南、湖北）的刘表。

此后，曹操一方面蓄精养锐，一方面又不断觊觎南方势力，企图南侵，夷平南方的势力。这时是建安十二年（207），诸葛亮27岁，隐居在隆中。

（二）

诸葛亮，字孔明，出生于东汉灵帝光和四年（181），《三国志·诸葛亮传》中说他是“琅邪阳都”人。这里所说的“琅邪”是指“琅邪国”，“阳都”是指“阳都县”。

东汉和西汉时期一样，也实行“郡国制”，即在全国的行政区划中，有的地方称“郡”，有的地方称“国”，两者的级别相同，下面均辖数县。琅邪在秦代和西汉均为郡，至东汉光武建武十三年（37）二月始改为国。

东汉的琅邪国下辖开阳、阳都等13个县，其国都设在开阳县（今山东临沂市北）；而“阳都县”的治所，在今山东沂南县以南。据此，史载诸葛亮为“琅邪阳都人”，即指他是今山东临沂市沂南县人。

至于“诸葛”这个姓氏的来源，大致有三种说法。

一种说法认为，自古以来就有姓“诸葛”的。如传世辑本《世本》中说：

“有熊氏之后，詹葛氏，宋景公有大夫詹葛祈，其后齐人语讹，以詹葛为诸葛。”

这就是说，“诸葛”原为“詹葛”，先秦时期就有此复姓，后来因为齐国地方的人发音不准，将“詹葛”误称为“诸葛”。但因《世本》一书已经亡佚，詹葛祈又查无此人，现在难以作为证据。

另一种说法认为诸葛氏是葛婴的后裔。葛婴是秦末农民起义首领陈胜手下的将领，后来被陈胜杀害。汉文帝时，为追录葛婴反秦之功，便将他的子孙封为诸县侯。葛婴后裔遂将“诸”和“葛”结合起来，因此就姓诸葛了。但这种说法也没有史实根据。

第三种说法则认为，阳都原来有姓葛的，当时人们为了把从琅邪诸县迁到阳都姓葛的与阳都原来姓葛的区分开，就将从琅邪诸县迁到阳都姓葛的称诸葛，因此也就产生了“诸葛”这一姓氏。

以上三种说法虽然各异，但有一点却是相同的，即“诸葛”一姓起源于山东省，而现在的诸城市与沂南县一带，则为其具体的起源地。

诸葛亮史有明载的远祖是西汉元帝时期的诸葛丰。诸葛丰，字季少，经御史大夫贡禹举荐为侍御史，后被汉元帝提拔为司隶校尉，又加秩为光禄大夫。

外戚许章，奢淫不遵法度，其宾客犯事，连及许章。诸葛丰查办此事，本想上奏朝廷，适逢许章乘车外出，诸葛丰便举节命许章下车，想要抓捕他。许章逃入宫中，乞求元帝庇护，诸葛丰在后急追，元帝即收回诸葛丰之节，从此不再信任他。

由于诸葛丰性格刚直，揭发检举从不避权贵，在朝为官者多说其坏话；加之他经常在春夏万物生长的季节抓捕惩治人犯，被认为有违天时。因此，元帝便将其降为城门校尉。

后来，诸葛丰又上书检举元帝的宠臣周堪、张猛，更加惹怒元帝，结果被免为庶人，终老于家。

诸葛丰虽然最终被贬为庶民，但其刚直之名却流传天下，当时京城编为谣谚曰："间何阔，逢诸葛。"（《汉书·诸葛丰传》）意思是说，有些坏人为何长久不见，是因为遇到了诸葛丰，被诸葛丰逮捕法办了。

诸葛亮的父亲诸葛珪，字君贡，曾任梁父尉，后升为泰山郡丞。诸葛亮是诸葛珪的次子，他还有一个兄长诸葛瑾，以及一个弟弟诸葛均，还有两个姐姐。

诸葛瑾，字子瑜，比诸葛亮大8岁，深受儒家思想影响，忠君孝亲，友于兄弟，事继母恭谨，是一位恪守儒道的君子，对少年诸葛亮的影响颇深。

诸葛亮的母亲章氏是一位中国古代传统妇女的典范，常年在家中相夫教子，操持家务。在诸葛亮三四岁时，母亲章氏病故了。此时诸葛珪正在外任职，长子诸葛瑾也不过十一二岁，无法照顾弟妹，于是又续娶了一位妻子照顾家务，抚育孤弱。

中平五年（188），诸葛亮8岁时，父亲诸葛珪病逝。此时，诸葛瑾也只是一个未及弱冠的少年，无法挑起整个家庭的生活重担。于是，诸葛珪之弟诸葛玄便义不容辞地承担起照顾寡嫂和子侄的责任。

诸葛玄曾受过良好的教育，也曾做过官。早年在京城游学时，与名门贵胄袁术、名士首领刘表等相识，彼此间交情颇深。

在叔父家中，诸葛亮兄妹一直生活到汉献帝兴平元年（194）。这时，诸葛亮14岁。

（三）

光阴荏苒，不知不觉5年就过去了。在叔父的照顾下，诸葛亮兄妹的生活还算安定无波。

当时正值东汉末年，战乱频仍，中原大地生灵涂炭，庐舍为墟。徐州刺史陶谦秉性刚直，为官清廉，爱民如子。此地百姓生活殷实，谷米丰赡，流民多前来归附。然而，徐州的安宁很快就被一场祸乱倾覆了。这场祸乱源自曹操的父亲曹嵩。

汉末战乱时，曹嵩曾避乱于琅邪郡。后来，曹嵩欲回到兖州，陶谦便命部将张闿护送曹嵩一家。于是，曹嵩携辎重财物等浩浩荡荡十余车出发了。这种阵势在当时可是难得一见的。张闿心中暗想：如今每年的俸禄少得可怜，不如抢了这些财物远走他乡去享福。张闿把自己的想法与部下一说，大家一拍即可。

当曹嵩等人行至泰山附近时，张闿便与其部下杀死曹嵩、曹德父子，夺其财物，逃奔淮南去了。本来陶谦作为州行政长官兼张闿的直属领导，连带责任是不可避免的，曹操归罪于陶谦也无可厚非，但曹操报仇的方式却令人发指。

初平四年（193）和兴平元年（194），曹操为报父仇，连续两次进攻徐州牧陶谦。尤其是第二次进攻时，曾略地至徐州所辖的琅邪国各县。大军所至，生灵涂炭，诸葛亮的家乡当然也饱受蹂躏。

曹操一边感怀“白骨露于野，千里无鸡鸣。生民百遗一，念之断人肠”的可怕景象，一边指挥着他的骄兵悍将对沿途居民进行烧杀抢掠，一举攻下了徐州十多个县城，屠杀男女数十万口，所过之处几乎人烟隔绝，其状惨不忍睹。

这一切给年仅14岁的诸葛亮留下了极其深刻的印象，这也是他终生都以曹为敌的重要原因。

恰在此时，雄踞在淮南的扬州刺史袁术派人来请旧故诸葛玄出任豫章郡太守（治今江西南昌）。诸葛玄见战火日益蔓延，家乡已成焦土，虽是故土难离，但全家老弱尚需生计，于是便携家带口前往豫章。

这时，诸葛瑾已经成年，且颇有见识。他建议叔父先携带家人去豫章赴任，自己和继母留在家乡，将家产变卖处理后再去豫章与叔父会合。诸葛玄认为此计甚好，便同意了诸葛瑾的建议，先带着诸葛亮等家人去投奔袁术。

袁术，字公路，汝南汝阳人，袁绍的堂弟，初平四年（193）被曹操击败后由陈留退至扬州九江郡。来到扬州后，他赶走了扬州刺史陈瑀，自领其州，以寿春为根据地，成为一大军阀。当时的扬州辖有九江、丹阳、庐江、会稽、吴、豫章六郡，而袁术新领其州，便需要重新任命各郡太守，于是便想到了故交诸葛玄。

但是，诸葛玄是袁术私署的郡守，朝廷不予承认。因此兴平二年（195），朝廷又另派朱皓为豫章郡太守。这样一来，诸葛玄上任没多久，就被朱皓逐出了南昌。

先前诸葛玄避乱心切，未作细想便来投奔袁术。现在诸葛玄才逐渐意识到，袁术虽然念及旧交帮助他，但更重要的是想结交营私，扩大自己的势力，这与诸葛玄忠于汉室的思想是格格不入的。

因此，诸葛玄交卸印篆，又带着侄儿侄女辗转流徙前往荆州，投奔他的另一个故友荆州牧刘表。

刘表，字景升，山阳高平氏（今山东济宁）人，是汉朝皇室的远之后裔，也是清流派人士中的“八俊”之一。中平五年（188），荆州刺史出缺，汉廷便任命刘表担任这一要职。

刘表虽然是个少谋多疑之人，但尚能保境安民。在汉末纷乱时期，荆州也算是一方相对安定之地。当时正值北方连年混战，社会动荡不安，因此北方许多饱学之士都归向荆州。刘表对这些人优待有加、宽慰赈赡，让他们安居此地。他还在郡内广立学校，洪生巨儒，朝夕讲论，让荆州呈现出一派升平的景象。

诸葛玄带着诸葛亮等家人先来到襄阳（当时的荆州治所，今湖北襄樊市），安顿诸葛亮等人在驿馆休息，然后自己去荆州拜见刘表。刘表顾念与诸葛玄的旧情，安排诸葛玄一家在襄阳安心住下。

而此时，原本准备与叔父诸葛玄在豫章会合的诸葛瑾，因诸葛玄这边出现变故，不能前来投奔，只好带着继母一起跑到江东。后来经孙权的姐夫弘咨推荐，诸葛瑾与鲁肃一起在孙权身边做了一名宾客。

自此，一家人在战乱中离散，各奔东西。

诸葛亮在隆中隐居期间，很会种西瓜。他种的西瓜，个大、沙甜、无尾酸。凡来隆中作客和路过的人，都要到瓜园饱饱口福。周围的老农纷纷向他学习种瓜的经验，他也毫不保留地把方法传授给他们。许多人还来问他要西瓜种子，因为以前没有注意留瓜子，许多人只好扫兴而归。第二年，西瓜又开园了，诸葛亮就在地头上插了个牌子，上面写道："瓜管吃好，瓜子留下。"后来，诸葛亮把瓜子洗净、晒干，再分给附近的瓜农。现在，汉水两岸沙地上的贾家湖、长丰洲、小樊洲的西瓜仍很有名气，个大、皮薄、味沙甜，有些地方甚至还遵守着那条"吃瓜留子"的老规矩。

第二章　隆中苦读

夫君子之行，静以修身，俭以养德，非淡泊无以明志，非宁静无以致远。

——（三国）诸葛亮

（一）

诸葛玄一家来到襄阳后，在刘表的安排下，终于安定下来。凭借叔父的关系，诸葛亮也得以在刘表所设的学业堂中学习儒学经典。

诸葛亮家学渊源，以儒学为综。幼年时，他受父亲、叔父的教诲及兄长诸葛瑾的启迪，在学业上有了一些基础。但由于家庭迭遭变故，父母亡故，再加上跟随叔父辗转流离，此时的诸葛亮还不可能拥有渊博的学识。诸葛亮学业上的大进、见识的成长，主要是来襄阳后的事情。

当时，学业堂由汉末著名的古文经学家司马徽主持。司马徽，字德操，颍川人士（今河南禹州），人称“水镜先生”。他是从颍川避难荆州的著名学者，擅长古文经学，是当时的名士。

诸葛亮跟随水镜先生在学业堂中学习古代各种儒学经典。此外，诸葛亮对诸子百家、音乐、算术、卜数、医药、弓弩等也都有涉猎。司马徽很快就发现这位少年的过人之处，因此对诸葛亮也颇为关照。

正当诸葛亮跟随水镜先生如饥似渴地学习经典时，建安二年（197），一件不幸的事情发生了：叔父诸葛玄病重了。

弥留之际，诸葛玄将诸葛亮和诸葛均叫到病榻前，嘱咐他们要认真读书，增长学问，将来一旦做官，要忠于职守，清正廉洁。兄弟二人含泪跪在叔父床前，点头答应。诸葛玄将要交代的事情说完后，合目而终。

诸葛玄去世后，因顾及老朋友的情谊，刘表并没有将诸葛亮兄弟赶走，仍然照顾着他们的生活。但是，诸葛亮是个有志向的青年，他想到自己已经十六七岁了，不应该总是仰人鼻息，长期靠人施舍过日子。他决心依靠自己的努力，克服困难，闯出一条生路来。

因此，诸葛亮去拜见刘表，向刘表表明了自己的意愿。刘表很为诸葛亮的志向高兴，便帮助他们在襄阳城西10千米的一个名叫隆中的地方置办了一块田产。

诸葛亮对刘表致谢后，便带着弟弟诸葛均一起搬离襄阳，来到隆中结庐而居。这样既能通过耕耘土地，在经济上达到自给自足，又能利用农闲时到襄阳求学，汲取教益。

事实上，诸葛亮之所以离开刘表的庇护，搬到隆中隐居，也不完全是因为不需要刘表的照顾，而是发现刘表并不是一把值得依靠的“保护伞”。

当时，刘表以“八顾”之一而著称，但他心胸狭窄，“外貌儒雅，而心多疑虑”。因此，怀才抱艺之士多弃他而去。如“刘备奔表，表厚待之，然不能用”；别驾韩嵩去探查曹操虚实，刘表反而怀疑韩嵩通敌，想杀了韩嵩，幸而他的妻子蔡氏说情，才将韩嵩“因而不诛”；祢衡是当时的名士，刘表也不重用他，而是将他送给江夏太守黄祖，结果祢衡被黄祖所杀。

其他的如庞统、马良、马谡、杨仪等人，都曾经投奔过刘表，但都不能为刘表所容。后来，这些人都成了刘备的谋士或战将。

总的来说，刘表目光短浅，没有理想和抱负，只是苟安于荆州一隅，非霸主之器，致使志士离心。因此，诸葛亮对刘表也深为失望。他认为，在这样一个弱肉强食的乱世，跟随刘表不仅没有任何前途，还可能招来生命之虞。

同时，诸葛亮的叔叔诸葛玄的求安思想对他的影响很大，这也让诸葛亮为人处事十分谨慎小心。他知道荆州不可能长久治安，便决定隐居躲避战乱。后来，他的《出师表》中所说的“苟全性命于乱世，不求闻达于诸侯”，正是反映了诸葛亮当时的真实思想。

再则，诸葛亮出身名门世族，身上有先祖遗风，又受到过良好的儒家教育。特别是在颠沛流离的生活中目睹和经受了战乱之苦，这也令他产生了铲除群雄、平定战乱、统一天下的伟大抱负。但他也很清楚，要想实现这一抱负，就必须有担当重任的才能。所以，他也希望自己能寻找到一个安静的环境来埋头苦读，探索治国安邦之道。

（二）

隆中是个美丽的小村庄，四周冈峦，泉水潺潺，清幽静谧，令人心旷神怡，的确是个适合隐居的好地方。东汉末年，不少有气节的人士因反对宦官而遭到迫害，都纷纷循迹山林，耕田种地，以为自全之计。

诸葛亮选择躬耕隐居既是自身生活所迫，同时也是对当世名士清流的效仿。虽然隐居山林，但诸葛亮少怀壮志，时刻都在关心着国家大事。因此在隆中期间，诸葛亮博览群书，刻苦攻读，举凡诸子百家、三教九流之书，无不披览。

农忙时节，诸葛亮会专心于农田耕种。烈日之下，他挥汗如雨，深知谷物来之不易，也深切地体会到了普通百姓生活的艰辛。劳作间隙，他醉心于阅读，汲取广博的知识。

这期间，他不但熟悉了儒家的各种典籍，尤其是《春秋》的大义，还喜欢阅读《韩非子》《管子》等先秦时期的著作。至于《六韬》《孙子》等兵书，他更是仔细研读，反复揣摩，深究其意。

在隆中期间，诸葛亮除了耕种、读书，研究天下大事外，还研究书法、音乐和绘画等，以使自己成为一个综合性的人才。

在书法方面，诸葛亮从幼年到青年时期一直都在进行练习和研究。他可以写出多种字体，尤其擅长篆书、草书。

在音乐方面，诸葛亮精通音律，喜欢操琴吟唱，有很高的音乐修养。更重要的是，他不仅能吟唱、操琴，还会制作乐器——七弦琴和石琴。他还写了一部音乐理论专著《琴经》。

可见，诸葛亮在隆中隐居时期，是他的知识积累阶段，这些为他以后在政治舞台上施展身手打下了坚实的基础。

诸葛亮在阅读古书时，并不是为读书而读书，而是为了古为今用，从古人治国平天下的文韬武略中汲取经验，增长才干，为日后做一番事业预作准备。

正因为如此，他读书时从不追求精熟繁琐无用的章句之学，而是博览群书，取其大旨。在众多古人中，诸葛亮最敬仰的两个人是管仲和乐毅。

管仲是春秋时期齐国的大政治家，曾辅佐齐桓公整顿国政，进行一系列的改革，使原本贫弱的齐国很快富强起来，成为春秋五霸之一。

乐毅是战国时期燕国的名将。燕昭王时，他曾领兵打败齐国军队，取得了连克70多座城池的卓越战绩。

春秋战国时期诸侯割据纷争的局面，与东汉末年军阀混战的局面非常相似。诸葛亮自比管仲、乐毅，说明他有出将入相、治国安邦的抱负，希望能够辅佐明君，在乱世中施展自己的才能。

为此，诸葛亮也决心以管仲和乐毅为榜样，做出一番惊天动地的大事业。他坚信自己具有管仲和乐毅那样的才干，也坚信自己能够在乱世之中遇到一位能像齐桓公和燕昭王那样的明君。

但是，诸葛亮自比管仲和乐毅的行为并不被一般人所理解，甚至还被认为是妄自夸诩，但诸葛亮并不在意，“燕雀焉知鸿鹄之志”呢？

（三）

隐居隆中期间，诸葛亮一面耕种，一面读书，一面在闲暇时间到襄阳一带拜师交友，相互学习交流。一个人的成长及其事业的成就，虽然与自身的资质、努力分不开，但与师友之间的交往、切磋、启迪同样关系重大。

在这期间，诸葛亮的确结交了几位志同道合的好友，如徐庶、石韬、崔州平、孟建等。几个年轻人经常在一起切磋学习，共论天下大事。

徐庶，字元直，颍川人氏。他出身寒微，本姓单，名福，是一位行侠仗义的侠客。为了替人报仇，他杀人后远遁他乡，从此潜心学习，成为一个义理精熟之人。

东汉初平中，徐庶与石韬一起南下荆州，与诸葛亮成为好友。后来，他又到刘备麾下效力，后仕魏国，官至中郎将、御史中丞等。

石韬，字广元，也是颍州人士，与徐庶交情深厚。到襄阳后，他与诸葛亮相识，并成为好友。后仕魏国，官至郡守、典农校尉等。

崔州平，博陵人氏（今河北蠡县），世族子弟。其父崔烈在汉灵帝于西园卖官鬻爵之时，用500万钱买了一个司徒的官职，但没有实权。

崔州平后来南向襄阳避难，与诸葛亮相识，并结为好友。

孟建，字公威，汝南人士（今河南平舆），汉末时在襄阳避难，结识诸葛亮。后仕魏国，为凉州刺史，官至征东将军。

几个年轻人当时都处于朝气蓬勃的年龄，同样到襄阳避难的经历也让他们很快就成为无话不谈的朋友。当诸葛亮还在襄阳的学业堂读书时，他们就经常到学业堂中聚会；后来诸葛亮隐居隆中，诸葛亮的草庐便成为他们日常聚会的新场所。

大家在一起经常纵论国家大事，畅谈个人理想。这种风气也利于开发他们的思路，启发他们的思想。诸葛亮后来在回忆这段生活时，曾无限感慨地说：

“过去我同崔州平交往，经常能从他那里得知自己言行中的正确与错误；同徐庶交往，经常能得到启迪和教诲。”

有一天，崔州平、徐庶、孟公威三人又来隆中与诸葛亮聚会。几个人在茅舍边品茶边聊天，欣赏着周围山川的秀丽景色。

这时，诸葛亮已经是一个20岁出头、身材高大、相貌堂堂的青年了。当谈到国家大事时，他不禁叹了口气，说道：

“当今天下大乱，豪强割据，战乱不朽，整个中原就像一个大屠场，老百姓哪里还有活路啊！我们也不能整日谈文论赋，应该做一点于国家百姓有益的事情才行啊！”

听了诸葛亮的话，崔州平说道：

“此言也正合我意。但是，我们有心建功立业，怎奈英雄无用武之地，怎么办呢？”

诸葛亮缓缓说道：

“自古以来，天下总是由乱而治，又由治而乱。当今天下大乱，总有一天会走向天下大治的。由乱而治，需要各种人才，我们只要静观其变，选择明主，将来还怕不能做一番事业吗？”

这时，孟公威问道：

“依兄长之见，我们日后的成就如何呢？”

诸葛亮略一思忖，笑道：

“各位平时都用功读书，又注意了解时势，以你们的才干，将来一定可以做到刺史、郡守。”

徐庶听罢，便好奇地问诸葛亮：

“你说我们将来都能当刺史、郡守，那么你将来能做什么呢？”

诸葛亮笑了笑，没有回答。

可见，“少有逸群之才，英霸之器”的诸葛亮，他的抱负是何其远大！

可惜的是，建安十三年（208），曹操率领大军挥师南下荆州，诸葛亮不得不与几位好友分别，此后天各一方，再也没有相聚过。

公元225年，居住在葫芦王地的佤族人卡那曼卷部落与蜀汉丞相诸葛亮签订盟约，归顺蜀汉朝廷，并发誓镇守边关，永不反叛。整整1700年，佤族人始终都遵循了这个盟约。1934年，英军进攻班洪、班老地区，佤族人依然牢记着这个盟约。班老王奋起抵抗，组织佤族武装，剽牛盟誓，效忠他们最尊崇的“阿祖阿公”——诸葛亮。这就是著名的“班洪事件”。

第三章　卧龙凤雏

善将者，必有博闻多智者为腹心，由沈审谨密者为耳目，勇悍善敌者为爪牙。

——（三国）诸葛亮

（一）

在隆中隐居期间，诸葛亮的内心并不平静。他时刻都想投身于政治斗争当中，早日实现自己的政治抱负。可是，他又担心自己过于轻率地投奔到一个碌碌无为、刚愎自用的军阀之中，难以保证自己政治抱负的实现。因此，诸葛亮一直踯躅不前，在没有遇到明主时，只能耐心等待机会。

《三国志》中记载，诸葛亮经常抱膝长啸，好为《梁父吟》，借以抒发自己的复杂情怀。

《梁父吟》是一种曲调的名称，用这种曲调写的诗歌不止一种。相传，诸葛亮所吟诵的《梁父吟》原文是这样的：

步出齐东门，遥望荡阴里。
里中有三坟，累累正相似。

问是谁家墓，田强古冶子。
力能排南山，文能绝地纪。
一朝被谗言，二桃杀三士。
谁能为此谋，国相齐晏子。

田开疆、古冶子和公孙捷是春秋时期齐景公门下的三位壮士。由于三个人经常恃功自傲，逐渐成为国家的祸患。国相晏婴从大局着想，准备除掉这三个人，以免他们继续危害国家社稷。

晏婴非常聪明，他没有亲自动手，而是利用齐景公巧妙地杀掉了这三个人：先赏给三个壮士两个桃子，叫他们各自估量自己的功劳，功劳大的就可以吃掉桃子。结果三人因争功互不相让，最后自相残杀。

这就是“二桃杀三壮士”的故事。诸葛亮经常吟咏这首诗歌，从侧面也反映出他想辅佐贤明有德的君主，拥有成就一番像管仲、乐毅那样的事业的理想和抱负。

当时与诸葛亮交往的名士中还有一位长者，即襄阳地区颇有声望的大名士庞德公。他是当时著名的隐士，以知人著称，而且交游甚广，见识颇高。但是，这个人十分清高，曾经多次拒绝刘表的邀请。

有一次，刘表又去请庞德公出山协助自己，并劝他说：

“你自己不肯出来做官求禄，以后拿什么东西留给自己的子孙呢？”

庞德公回答说：

“我和别人不一样，别人给子孙留下了危险，独独我给子孙留下了平安。只是所遗留的东西不同而已，并不是没有遗留啊。”

其实，庞德公也不是不想做官，只是他看到刘表庸碌无能，成不了什么大事，因此不想出来辅佐他，以免自己在政治上失足，惹来杀身之祸。

庞德公周围聚集了不少有才干的人，这些人经常在一起谈论时事、切磋学问。庞德公也经常品评人物，而且他的言论在当时的地主阶级和士大夫阶层中很有影响。

庞德公与诸葛亮还是亲戚关系，他的儿子庞山民正是诸葛亮的二姐夫。正因为有这层关系，诸葛亮经常到庞德公家中拜访。

庞德公也早已了解诸葛亮的才学和人品，但为了进一步考验他，每次诸葛亮来拜访时，庞德公都坐在床上受拜，并不急于让诸葛亮起身。于是，诸葛亮就会在庞德公窗前久跪不起。久而久之，诸葛亮给庞德公留下了更加深刻的印象。

庞德公很有政治眼光，他谈论政事，揭示时弊，都很中肯。在诸葛亮的成长过程中，庞德公所起到的作用是不可低估的。清朝的阮函在《答鹿门与隆中孰优说》中曾评论说：

“隆中之所以为隆中，鹿门有以成之也。”

诸葛亮住在隆中，庞德公后来隐居在襄阳城东的鹿门山，因此称诸葛亮为隆中，称庞德公为鹿门。

（二）

此时，诸葛亮虽然已经离开了刘表的学业堂，但与老师司马徽依然保持着密切的交往。两人经常一起谈古论今，品评时事。

有一次，庞德公与司马徽一起品评襄阳一带的年轻人，庞德公对司马徽说：

“诸葛亮为卧龙，庞统为凤雏。”

所谓“卧龙”，是说诸葛亮如同一条暂时潜伏、尚未飞腾的巨龙，一待时机合适，就会升入云霄，施展出非凡的本领；所谓“凤雏”，是说庞统如同一只羽翼渐丰、待时翱翔的凤凰，一有机会，也定能展翅翱翔。

被庞德公誉为“凤雏”的庞统，其实就是庞德公的侄子。庞统，字士元，比诸葛亮大两岁，少年时愚钝，未有识者。20岁时，庞统有一次去拜访司马徽，司马徽当时正在树上采桑，就让庞统坐在树下，两人共语，从白天一直说到黑夜。庞统的才学让司马徽万分惊异，称赞他为南州士人之冠，庞统也由此而逐渐出名。

诸葛亮在与庞德公相识后，自然与庞统也惺惺相惜。后来，两人同为刘备的军师中郎将。

正因为司马徽对诸葛亮和庞统都深为了解，所以他对庞德公将二人比为“卧龙”和“凤雏”极为赞同。而无论是“卧龙”还是“凤雏”，都比喻诸葛亮和庞统是具有特殊才华的人，只是尚未遇到发挥其才华的机会而已。这种雅号的评定和传播，也让诸葛亮的名声越来越大。

有一天，诸葛亮将自己批注的《孙子兵法》和绘制的作战阵势图呈给庞德公看。庞德公看完后，对诸葛亮说：

“用兵打仗，兵不在多而在于精。对于兵法，一个人精通以后就可以教成十个人；十个人学会了，就可以教成百人，百人教千人，千人教万人。这样的军队，就一定比那百万之师的乌合之众强得多。”

庞德公的观点让诸葛亮甚是佩服。后来，他成为蜀国的军师，就特别注重练兵。而弱小的蜀国之所以能够与强大的魏国抗衡多年，很大程度上也取决于诸葛亮的用兵有方。

诸葛亮还将自己的心得写入《将苑》一书中，其中写到：

“夫兵无习练，百不当一；习而用之，一可当百……教之以礼义，诲之以忠信，诫之以典刑，威之以赏罚，故人知劝，然后习之，或陈而分之，坐而起之，行而止之，走而却之，别而合之，散而聚之。一人可教十人，十人可教百人，百人可教千人，千人可教万人，可教三军，然后教练而敌可胜矣！”

诸葛亮虚心求教的精神也让庞德公深为感动，他不仅教给诸葛亮一般的治兵技巧和用兵策略，还将自己花费半生所研究的兵法成果——从八卦到八阵的推演——交给诸葛亮，希望诸葛亮能够据此推演出完善的八阵图来。他甚至没有将这一成果传给自己的后人，这让诸葛亮万分感动，决心不负庞德公的殷切期望。

在刻苦学习过程中，诸葛亮也并非两耳不闻窗外事。相反，他时刻都在关注着国家大事，并以东汉政权的兴亡为己任，经常探索能令国家长治久安的治国方略。为此，诸葛亮还特别留心研究汉代以前的社会历史、诸子百家的思想以及兵法战略等，以求从中总结出西汉兴隆及东汉衰败的原因。

（三）

随着年龄、阅历和学识的不断增长，诸葛亮在政治上逐渐成熟起来。同时，频繁的社会交往，名士们的认可和垂青，也让诸葛亮的社会影响不断扩大。这就为他结束隐居生活，登上政治舞台，施展自己的才华，实现自己的政治抱负，做好了必要的准备。

每年的八月十五，庞德公都会举行一次盛会，荆州地区的名流、隐士、学者等，纷纷从四面八方赶来鹿门山。大家聚在一起，一面品尝花红果和花红酒，一面切磋学问，探讨国事。

来参加这一盛会的，都是忧国忧民的饱学之士，大家平起平坐，不分长幼，畅所欲言。这一年，来参加盛会的诸葛亮一反以往沉默寡言的常态，以《吾有孙武、吴起之法》为题，一口气从用兵之术讲到布阵之法，从将才、将志、将器、将弊、将德讲到用将“七戒”；从择才用智讲到爱兵、励士、赏罚、恩威并重；……他那滔滔不绝、精益求精而又天衣无缝的战争齐略，与运筹帷幄、决胜千里的精彩绝论，令在座名士听得连连称奇，不由得对诸葛亮肃然起敬。

通过刻苦自励，经过10年的时间，诸葛亮在荆州一带建立了广泛的社会联系，赢得了荆州地主集团的拥戴。而通过辛苦的劳动，诸葛亮也了解到了百姓生活的疾苦；通过学习，他又获得了丰富的文学、史学、军事等方面的知识，从而积累了丰富的社会实践经验，才干大增，并形成了对当时的政治、军事形势的精辟见解。

由于诸葛亮人品出众，才华横溢，远近闻名，加之他身高八尺（等于今1米85），容貌伟岸，因此荆州一带的士人都想将自己家的女儿嫁给他。但诸葛亮择偶并不追求女方的身材容貌，而是以德才兼备为标准。

沔南名士黄承彦对诸葛亮的才学和人品十分敬佩，也想将诸葛亮招为自己的乘龙快婿。无奈他的女儿生的黄发黑面，相貌丑陋，虽然德才兼优，堪与诸葛亮相匹配，但他还是担心诸葛亮看不上自己的女儿。

然而，该女子虽然相貌不佳，眼界却高得很，一般凡夫俗子根本看不上眼。家人问她想嫁个什么样的夫婿，她说除非诸葛亮这样有才有貌的，否则宁可不嫁。这更加让黄承彦为难了。

一次，黄承彦来诸葛亮的草庐中拜访。闲谈之中，黄承彦便问起了诸葛亮的终身大事：

“先生年纪也不小了，怎么还不成家呢？”

诸葛亮笑了笑，回答说：

“成家易，择偶难，因尚未遇到合适的女子，故而至今未能成家。”

黄承彦也笑了，说道：

“以先生的人品才学、风度相貌，我听说有很多人都想把女儿嫁给您呢，是不是您的择偶要求太高了呢？”

诸葛亮回答说：

“我择偶并不追求女方的相貌身材、家庭地位、贫富状况等，只有一个标准，就是必须德才兼备。”

黄承彦一听，大喜，忙说道：

“如果真是如此，老夫倒想厚颜地提个建议。我有个女儿，长得不漂亮，黄头发，黑皮肤，相貌较为丑陋，但却德才俱优。如果先生不嫌弃，我想将她许配给您。”

诸葛亮一听，马上应允道：

“先生的德才本就令我敬佩不已，相信令爱的德才也正如先生所言。承蒙先生垂爱，我哪有不接受的道理呢？”

就这样，诸葛亮爽快地答应了这桩婚事，准备娶黄女为妻。

几个月后，远近各村的人们听说诸葛亮要办喜事了，都纷纷跑来祝贺，也想看看新娘子到底是哪家姑娘，能有幸被诸葛亮看上。结果一看，竟然是个丑女，便七嘴八舌地议论开了。但诸葛亮毫不介意，仍然高高兴兴地娶了亲。婚后，夫妻两人互敬互爱，互相帮助，生活得十分美满。

诸葛亮在南征孟获时，当时的云南人还不知道琴为何物。诸葛亮南征期间，经常操琴，当地人看到后很好奇，就纷纷想向诸葛亮学琴。于是，诸葛亮作《琴经》一卷，讲述琴的来历和七弦十三徽的音意。从此以后，云南人才认识了琴。

第四章　明君刘备

不学者，虽存，谓之行尸走肉耳。

——（三国）诸葛亮

（一）

诸葛亮从建安二年（197）17岁时隐居隆中，到建安十二年（207）27岁时龙动出山，整整经历了10个春秋。在这期间，他一直观察研究天下形势。而这10年的基本形势是：除南方的几个大军阀外，北方群雄相继被曹操所灭。自从建安元年（196）曹操迎汉献帝迁都于许昌（今河南许昌），被封为大将军后，他便独揽朝中大权，献帝则如傀儡一般，百官也只是形同虚设。

曹操在与各军阀的斗争中实行两大政策：一方面挟天子以令诸侯，借汉献帝的名义对不服从他的各路军阀发号施令，争取政治上的主动性；另一方面则积极耕种屯田，发展农业，恢复经济，积蓄军事力量。政治上的主动性加上经济的逐渐恢复，使曹操逐渐具备了消灭各路军阀的实力。

建安二年（197），曹操击败了自称皇帝的袁术，令袁术于建安四年（199）呕血而死。建安三年（198），曹操擒杀吕布。建安五年

（200），曹操在官渡之战中以少胜多，击败了当时最为强大的军阀袁绍的主力，袁绍于建安七年（202）惭愤而死。建安九年（204），曹操攻克邺城，次年攻杀袁绍长子袁谭，平定冀州。建安十二年（207），曹操发兵远征，平定了辽东、辽西、右北平三郡乌桓，并最后消灭了逃至乌桓的袁绍次子袁熙和幼子袁尚等残余势力。

截止建安十二年，曹操率领大军消灭了北方的大部分军阀，基本统一了黄河流域。此时，只有南方的几个大军阀尚且存在，如位于江东的孙权、益州的刘璋、汉中的张鲁等。由于曹操此时正忙于平定北方军阀，对南方无暇顾及，因此南方军阀与曹操之间也尚未有较大的战争。

此时，在隆中隐居的诸葛亮对这10年间天下形势的变化可谓了如指掌。但是，诸葛亮却并不急于出山，他在等待一位明君的出现。而这位明君终于于建安十二年的冬天出现了，他就是刘备。

刘备，字玄德，东汉幽州涿郡涿县（今河北省涿州市）人，生于汉桓帝延熹四年（161），比诸葛亮整整大20岁。刘备本是汉景帝之子中山靖王刘胜之后，为汉朝皇室疏宗。其祖父刘雄、父亲刘弘，世仕州郡。父亲刘弘曾做过县令，为官清廉，但去世较早，留下刘备孤儿寡母，以贩鞋织席为生，生活自然艰难。

刘备15岁时，与同郡的刘德然、辽西公孙瓒等人拜同郡的大儒卢植为师。但是，刘备少年时期并不爱好读书，反而喜欢狗马音乐，讲究衣着服饰。

他身高七尺五寸（约合现在1米78），两臂修长，垂手可至膝部；两耳垂肩，回目可以自见。而且，他还少言寡语，能够很好地克制自己的喜怒；待人谦恭随和，喜好结交侠义豪迈之人，讲究诚信，因此很多年轻人都诚心归附于他，做他的部下。其中与他感情最深的，是河东郡解县（今山西解州）人关羽和涿郡人张飞。

关羽，字云长，身怀绝世武功，喜好行侠仗义，除暴安良。一次在家乡杀人后，关羽逃到河北涿郡遇到刘备，此后便一生追随刘备，忠心耿耿，矢志不移。

张飞，字翼德，虽不是出身富户，但也算得上家境殷实，温饱不愁，平时还喜欢写写画画。但是，他看不惯东汉腐朽的政治制度，决心革新时弊。

遇到刘备和关羽后，三人一见如故，情同手足，结为莫逆之交。此后每逢刘备遭遇困厄，关羽与张飞都不畏艰险，陪伴在刘备左右。

（二）

黄巾起义爆发后，刘备因率领其徒众随校尉邹靖镇压黄巾军有功，被授予安喜县尉。安喜在今河北省定州，县尉是县长级别的官职。当时，巡察县政的官称为督邮。而巡察安喜的这位督邮与其他很多贪官一样，不仅对下级颐指气使，还索要贿赂，稍有招待不周，就会有丢官的危险。

刘备受不了督邮的恶气，盛怒之下，将督邮捆在柱子上，狠狠地抽了他二百鞭子，然后将县尉官印挂在督邮的脖子上，与关羽、张飞一起弃官逃命去了。

鞭打了督邮，刘备的安喜县尉是做不成了，但不久，他又随都尉毋丘毅镇压黄巾军立下军功，因而又被授予下密县丞。

下密位于今山东省昌邑县附近，县丞为副县长级别的官职。刘备上任后不久，又改任高唐县尉、高唐县令等。

汉献帝初平二年（191），青州黄巾军破高唐，刘备战败逃走，北上幽州投奔了中郎将公孙瓒。公孙瓒早年就与刘备相识，这次刘备来投靠自己，他便上表推荐刘备为别部司马，让刘备统率一支非主力部队，与青州刺史田楷一起抵抗冀州牧袁绍。

在公孙瓒这里，刘备结识了赵云。两人很谈得来，很快便成为知己。赵云，字子龙，常山郡真定（今河北省正定）人，身材伟岸，武艺高超，且颇有见地，早年投奔公孙瓒，很受重视。

常山郡属于冀州，当时袁绍为冀州牧。公孙瓒与袁绍不和，彼此猜忌。赵云来投靠自己时，公孙瓒十分高兴，同时还问赵云：

“听说冀州人士多向往袁绍，而将军你独来投靠我，是什么原因呢？”

赵云回答说：

“如今天下大乱，也不知道孰是孰非。本州人士向往能够施以仁政的州郡长官，倒不是轻视袁公而亲近将军啊！”

从这段可以看出，赵云不但颇有见识，还有一定的道德标准。

与刘备相识后，赵云见刘备颇有志向，且对形势分析透彻，很是钦佩；而刘备对赵云的言谈举止也十分喜爱。这次相遇，也成为他们日后共同患难的契机。

不久，刘备协助公孙瓒参加了抵抗袁绍的斗争。后来，刘备又前往青州，协助田楷攻略地盘，多次立功，被任命为平原县令，后又升为平原国相，相当于郡太守的官职。

由于连年征战，百姓生活困苦，不能温饱；盗贼成群结伙，到处抢掠。刘备在任国相期间，一方面积极平定盗寇，一方面大力安排百姓生产，帮助百姓解决温饱问题，且效果明显，受到百姓的拥戴。这不仅说明刘备具有很高的政治才能，对百姓也是发自内心的关爱。

此时的刘备，还远没有袁绍、公孙瓒、曹操等人的地位和声势，但由于他宽厚仁德，却也名望在外。连当时的徐州广陵郡（今江苏扬州）太守陈登都十分推崇他，称他“雄姿杰出，有王霸之器”。

同时，当时的名士、北海相孔融对刘备也颇为赞赏。北海国为青州一郡，位于今山东省昌乐县东南。当北海国被黄巾军围困时，孔融派太史慈突围，前往平原国向刘备求援，刘备遂率兵解除了孔融的危难，令孔融十分感动。

不久，袁绍率兵前来攻打公孙瓒，并攻占了平原国。田楷和刘备抵抗不住袁绍的大军，遂退守齐郡（今山东省益都地区）。

汉献帝兴平二年（194）2月，曹操进攻徐州，徐州牧陶谦向青州刺史田楷求助，田楷便带领刘备共同前往徐州救援。后刘备脱离田楷而归附陶谦，被陶谦上表推荐为豫州刺史，驻屯小沛。

这年的12月，陶谦病故，刘备随后成为徐州牧。

（三）

徐州牧实际管辖的地盘并不多，但总算跨州连郡了，刘备的兵力也大有增强，达到了几万人。然而，在诸多军阀豪强的包围之下，纵然刘备有澄清寰宇之志，也仍然是力不从心。

刘备担任徐州牧不久，吕布就被曹操在兖州打败，到徐州前来投奔刘备。吕布，字奉先，五原郡九原县（今内蒙古包头）人，曾先后为丁原、董卓的部将，后投靠袁术。

刘备此时还不知道吕布是个朝三暮四、恩将仇报的小人，因此不仅收留了吕布，还让吕布进驻小沛（今江苏省沛县）。

建安元年（196），扬州军阀袁术进攻刘备，刘备便在徐州与盘踞寿春的袁绍相拒。然而让刘备没想到的是，吕布趁刘备后方空虚之际，竟然占领了徐州。刘备在袁术、吕布的夹击之下，进退失据，只得向吕布求和，并将徐州牧让给吕布，而他自己又被吕布派驻小沛，做了豫州刺史。

此后，刘备重整兵力，实力逐渐增强。这让吕布既害怕又嫉妒，遂再次率兵攻打刘备。刘备战败，只得投奔了曹操。曹操上表荐刘备为豫州牧，并派他攻打吕布，结果又被吕布击败。

建安三年（197），曹操亲自出兵协助刘备攻打吕布，这次一举成功，并擒杀吕布。这段历史，在《三国演义》中以“白门楼吕布殒命”为回目，生动地描述了斩杀吕布的过程。

从历史上看，吕布如果在一位德才兼备的上级手下，不失为一员勇猛的战将。但如果他自为军阀，既缺乏仁义原则，又听不进他人的意见，失败便是必然的结果。而刘备坚持建议曹操杀掉吕布，勿留后患，也是经历了吕布忘恩负义的教训之后得出的结论。

除掉吕布后，刘备便随同曹操一起回到许县。随后，曹操又以汉献帝的名义拜刘备为左将军，自动免去他豫州牧的官职。不过，这个“左将军”只是一个有名位而无实权的官职。

曹操对刘备也确实够意思，史书记载，曹操和刘备两人“出则同舆，坐则同席”。表面上看，曹操对刘备厚待有加，很看得起刘备，但其实曹操是想要控制刘备，不想让刘备的力量强大起来，同时，他还要利用刘备的名望和能力来为自己服务。因此，当曹操的谋臣荀彧劝他尽早杀掉刘备，以绝后患时，曹操没有接受荀彧的建议。

当然，刘备也深知曹操的为人，他借曹操之力消灭了吕布，也深惧曹操会置自己于死地。所以，他每天都躲在院子里养花种菜，故意在曹操面前表现出一副毫无野心、胸无大志的样子，以免曹操猜疑。

而曹操为试探刘备，偏偏与他“煮酒论英雄”。在与刘备交谈时，曹操对袁绍等当时既有名望又兵多将广的军阀势力都不屑一顾，偏偏说“天下英雄乃使君与操耳”，结果吓得刘备失魂落魄，手中的筷子都掉在了地上。幸好刘备急中生智，以害怕雷声为借口，掩饰过去，保住了性命。

第五章　初出茅庐

国之大务，莫先于戒备。

——（三国）诸葛亮

（一）

建安四年（199）6月，穷途末路的袁术想经过徐州投奔袁绍，曹操闻讯后，派刘备率兵拦截。然而刘备还未到徐州，袁术就病死了。

在这之前，刘备对曹操名义上拥护汉献帝，实际上全然不将汉献帝放在眼里的行为，看得一清二楚。因此，他曾暗中与汉献帝的岳父董承等人策划除掉曹操。然而刘备刚到徐州后不久，他与董承等人奉汉献帝密诏诛杀曹操的计谋便泄露了。刘备无奈，只好杀掉曹操派去的徐州刺史车胄，决心脱离曹操的束缚，率数万人公开与曹操对抗。

建安五年（200）年，曹操发兵徐州，大败刘备，并俘获其妻子及大将关羽，刘备只好又投奔袁绍。后关羽从曹操处返回，继续追随刘备。不久，公孙瓒的大将赵云也逃奔到刘备帐下，让刘备如虎添翼。至此，刘备便打算脱离袁绍。

恰在此时，袁绍派刘备率领本部兵马前往汝南与黄巾军旧部龚都等合兵。曹操闻讯后，派兵攻打刘备，结果失败。

建安六年（201）9月，曹操又亲自率兵前往汝南，大败刘备和龚都。刘备无奈，只得又投奔荆州牧刘表。刘表让他驻屯于所辖的南阳郡的新野县。此时的刘备，已近不惑之年。

对于刘备的到来，刘表的内心很复杂。他与刘备都是皇室疏宗，有一定的宗亲关系，而刘备又带着一定数量的兵马，对增强荆州的实力有利，况且善待刘备，还能获得礼贤下士的名声。

但是，刘备素有大志，试图通过自己的努力光复汉室，而且为人谦逊恭谨，深得人心。如果他久驻荆州，就可能会威胁到刘表的政权。因此，刘表对刘备颇有戒心。

对于刘表的这种态度，刘备也是心知肚明，但他并不介意，而是一心一意为刘表出力。而刘表却始终采取保境自守、中立观望的态度，结果令刘备毫无用武之地，只能空耗岁月，这让刘备感到十分郁闷。

自从镇压黄巾军起义以来，刘备先后依附公孙瓒、陶谦、曹操、袁绍，最后又依附刘表，这种漂泊不定、寄人篱下的经历让刘备不得不吸取多年来的惨痛教训。他逐渐认识到，要想成就一番事业，就不能再依附任何人，必须要有自己的独立力量。

此时，曹操南侵的风声日紧，广大士庶深知刘表无力抵御曹操的进攻，便将希望寄托在刘备身上。当时刘备的集团中，虽有关羽、张飞、赵云等武将及糜竺、孙乾等文士，但真正能够安邦定国平天下的旷世奇才却尚无一人。以这样的兵力和能力，怎么能与曹操的大军相抗衡呢?

刘备也想成就一番事业，但每每想到自己的实力，就寝食难安。他现在急需像张良那样运筹帷幄、决胜千里的杰出人物。这些年，他也知道荆州之地卧虎藏龙。他想，只要自己虚心访求，定能达成夙愿。

于是，闲居荆州整整6年的刘备从建安十二年（207）开始加快了寻访人才的步伐。他首先去拜访了襄阳享有盛誉的水镜先生司马徽。

司马徽见刘备求贤若渴，便对他说：

“儒生俗士，岂能识时务？识时务者在乎俊杰。此间自有卧龙凤雏。”

意思是说，当今世上有两个人可以洞察时代风云变幻、胸怀安邦定国大计，他们都是当世俊杰。这两个人一为卧龙，一为凤雏。

刘备有些迷惑，便又问这“卧龙”和“凤雏”都是谁。司马徽笑着回答说：

“诸葛孔明、庞士元也。”

刘备欲再详细询问，司马徽便微笑不语了，一副天机不可泄露的表情。刘备想，如果能将这两个人网罗在自己的帐下，那重振汉室基业就有希望了。

（二）

刘备思贤慕才的事迹传开后，诸葛亮的挚友徐庶也听说了。他经过一番考虑，认为刘备不但是帝室之胄，而且志向远大，待人宽厚，将来一定能成大事。因此，徐庶主动前往新野拜谒刘备。

刘备见徐庶才学见识皆不俗，甚是欢喜，便邀请徐庶留下。此后，徐庶为刘备的军事建设提出了许多有益的建议。

然而，徐庶却并不以人才而自居，他向刘备推荐了诸葛亮：

“诸葛孔明是一条卧龙，难道将军不想见见他吗？”

刘备见司马徽和徐庶都向自己推荐诸葛亮，认为这诸葛亮定是有些才学，于是就对徐庶说：

“那就请您让孔明先生来我这里吧。”

然而徐庶却说：

“诸葛孔明是难得的旷世奇才，只能将军亲自前去见他，不能让他屈尊主动来见将军。将军应该枉驾前往隆中，亲自拜访他。”

刘备本来以为徐庶已经是难得的人才了，现在听了徐庶对诸葛亮的高度评价和赞许，想这诸葛亮定然是才学过人，才能更在徐庶之上，于是便决定带着关羽和张飞一起前往隆中拜访诸葛亮，希望诸葛亮能够出山，协助自己完成兴复汉室的大业。

史书中关于刘备与诸葛亮的相见，仅是短短的五个字："凡三往，乃见。"而罗贯中在其所写的《三国演义》中，却将这五个字演绎出洋洋洒洒的万余字，而且言辞生动、形象，感人至深，既渲染了诸葛亮超群绝伦的才华，也烘托了刘备不辞劳烦、求贤如渴的心境。

总而言之，两人经过反复的两次失之交臂，第三次才终于得以相见。刘备见眼前的青年器宇轩昂、举止非凡，顿生好感，于是诚恳地向诸葛亮求教说：

"今汉室衰微，奸臣当道，皇上备受流亡凌辱之苦，兴复汉室乃是我毕生理想。无奈我才能浅薄，时至今日仍然毫无良策。但我决不会灰心丧气，因此特地来向先生求教，希望先生能够指点迷津啊！"

对于刘备，诸葛亮早已有了一些了解，对刘备在徐州的良好声誉也早有耳闻，他的政治主张与自己也是不谋而合。而且刘备虽为皇室远亲，但毕竟是刘氏宗室后裔，自身有着复汉的有利条件。

但是，诸葛亮从未见过刘备，对刘备的印象都是来自传闻。现在见刘备连续三次来隆中拜访自己，而且谦虚坦诚，一见面就将自己的心腹之事和盘托出，可见其招贤纳士之心十分真诚。

诸葛亮被刘备的诚心和执着所感动，认定诸葛亮是个值得辅佐之人，于是也决定敞开心扉，将自己对天下局势的掌握说给刘备听。

主意既定，诸葛亮随即请刘备三人落座，而他也开始侃侃而谈，将自己在隆中10年所观察的天下形势作了一番精辟的分析，同时也将自己这些年来所思所学总结出来的重振汉室、统一寰宇的谋略告诉给这位心目中理想的明主，并据此提出了鼎足三分、兴复汉室、统一天下的规划。

（三）

首先，诸葛亮分析了曹操、孙权的情况：

自董卓叛乱以来，各地豪杰同时兴起，割据一方，争夺天下。曹操与袁绍相比，名声低微，兵力又少，但他最终能够打败袁绍，凭借弱小的兵力成为强者的原因，不仅是由于客观形势对他有利，而是因为他的谋略得当。现在曹操已拥有百万大军，又有挟持皇帝来号令诸侯的有利地位，这确实难以与他争强。孙权占据江东，已经历经三世。那里地势险要，民众归附，贤良有才能的人都能为他所用。因此，可以将孙权这方面当成外援，与他联合，而不可谋取他。

在这里，诸葛亮承认了敌对者曹操的优势以及异己者孙权势力的强大。从这一实际出发，他提出了“联孙抗曹”的战略方针。

接着，诸葛亮又分析了荆州刘表和益州刘璋的情况：

荆州这个地方，北靠汉水、沔水，南可直达南海郡，东南又连接吴郡、会稽，西边和巴郡、蜀郡相通，是一个兵家必争之地，但它的主人刘表却没有能力守住它。这是将军占有它的一个很好的机会，不知道将军是否有意夺取它呢？

益州地势险要，有广阔肥沃的土地，是个富饶的地方，汉高祖刘邦就是凭借它建立了帝业。然而占据益州的刘璋昏庸懦弱，张鲁又在北面威胁着他。虽然拥有众多的百姓和富饶的资源，刘璋却不知如何治理。那里有才能、有智慧的人，都希望能得到一个贤明的君主。

在这里，诸葛亮又指出了当时的薄弱环节是荆州和益州，从而确定了先占据荆州和益州的方针。

最后，他又概括地指出了平治天下的任务：

> 将军既是皇室后代，威信和义气广布天下，又能广泛地网罗英雄，思慕贤才，如饥似渴，如果能够占据荆、益两州，守住险要的地方，再与西边的各个民族和好，并能安抚南边的少数民族，对外联合孙权，对内革新政治；一旦天下形势发生变化，就可令得力将领率领荆州军队向宛、洛方向进军，将军自己则亲自率领益州的军队出兵到秦川（今陕西南部）。到那时，百姓谁不用箪盛饭、用壶盛浆来欢迎您呢？如果真能这样做，那么将军称霸的事业就可以成功，衰颓的汉室也能够复兴了。

诸葛亮为刘备所作的这个战略决策可以概括为四句话：跨有荆益，联孙抗曹，待机北伐，复兴汉室。

这就是历史上著名的“隆中对策”。它精辟而生动地分析了天下形势，表达了诸葛亮的战略思想和策略主张，为刘备指出了一条切实可行的道路，也为以后蜀汉政权的建立和三国鼎立局面的形成勾勒出一幅壮美的蓝图。

这一对策对闯荡半生、漂泊不定、到处寄人篱下而今还一事无成的刘备来说，简直令他茅塞顿开。因此，刘备听了诸葛亮的这一番话后，连声称好，诚恳地请诸葛亮出山辅佐自己。

于是，建安十二年（207）的深冬，47岁的刘备终于将27岁的诸葛亮请出隆中，一起回到新野县。

第六章　撤兵江陵

不傲才以骄人，不以宠而作威。

——（三国）诸葛亮

（一）

诸葛亮跟随刘备来到新野后，年长他20岁的刘备待他犹如上宾，两人朝夕相处，感情日渐亲密。

看到刘备对年轻的诸葛亮如此厚待，关羽和张飞心感不满。他们都是刘备最早的部下，又是刘备的兄弟，自从跟随刘备一起镇压黄巾军起义开始，20多年来立过无数战功，平时护卫刘备也是不避艰险，与刘备简直就是生死兄弟。而现在，这个初出茅庐、未见任何功勋的乡下小子，刘备再三请他不说，如今还这样礼待他！

其实，这不仅是关羽和张飞的想法，也是刘备手下那些追随他出生入死的宿将们的想法。这也难怪，毕竟他们还未曾见识到诸葛亮的真才实学，以为他年轻轻的，也不过是徒有虚名罢了。

针对关羽和张飞等人的不满情绪，刘备解释说：

“我有了孔明，就如同鱼有了水一样，请你们以后不要再乱说了。”

刘备将自己比作鱼，将诸葛亮比作水，而鱼是离不开水的，否则就无法生存。刘备这句话的言外之意就是：诸葛亮对自己兴复汉室的大业成功至关重要，如果没有诸葛亮，自己将一事无成。

刘备的解释虽然难令众将领们心服，但出于对刘备的尊重，大家也就不再多言了。

转眼间，冬去春来，时间到了建安十三年（208）。此时，曹操已经平定了北方，诸葛亮断定他不久将会南下攻打荆州。而刘备驻屯的新野县，是荆州所辖最北边南阳郡的一个小县，必定会成为曹操最先攻打的地方。而刘备当时仅有数千人马，兵力甚微，如何能抵御得住曹操的大军呢？

刘备也为此事甚是发愁，他对诸葛亮说：

“我不过身托刘表，扩军之事都由刘表统一管理，按户籍征兵。如今，符合资格的都已征集，还有什么兵员呢？”

听了刘备的话，诸葛亮胸有成竹地说：

“此事主公不必费心。依我看，荆州地区并非人少，而是正式纳入户籍的人不多。这些年从关中流入荆州的人就有十余万，这些人大多都没有登记。只要将外来人口在限定时间内登记造册，届时自可使游户自实，同时增加大量的兵员和资金。”

刘备觉得诸葛亮说得有道理，便将诸葛亮之策上报给荆州牧刘表批复，刘表很快就同意了。于是，刘备立即命诸葛亮全权负责此事。不久，登记游民、征收赋税、征选壮丁、训练新兵，刘备的行营中一片繁忙的景象。

诸葛亮的这一计策果然奏效，很快，原来营中的数千人马就增至数万，税收也大大增加了。

但是，诸葛亮很清楚，荆州牧刘表虽然表面对刘备很友好，实际却心怀猜忌，生怕有一天控制不了刘备。为此，诸葛亮努力结好刘表的儿子刘琦，以便相机协助刘备控制荆州。

此时，刘表统治集团内部的矛盾已经凸显，主要表现在争夺继承权的问题上。刘表有两个儿子，长子刘琦，是前妻所生；次子刘琮，是后妻蔡氏所生。

按惯例，长子刘琦应成为刘表的继承人，刘表开始也是这么打算的。可是，蔡氏与其弟蔡瑁及刘表的外甥张允等人均得幸于刘表，担心刘表死后，刘琦继位，会影响他们的地位。于是，蔡氏便经常在刘表面前说刘琦的坏话，同时赞誉刘琮。

刘表是个没主见的人，久而久之，他也开始喜欢刘琮而讨厌刘琦了。这种形势让刘琦深感不安，便找到已驻扎樊城的诸葛亮问计。

诸葛亮虽然很清楚刘表集团内部的矛盾，对刘琦的处境也很同情，不满意刘表偏爱刘琮的做法。但他认为，这是刘表的家事，外人不便多管，弄不好不仅帮不了刘琦的忙，还可能危及刘备在荆州的地位。因此，每次刘琦找他出主意，诸葛亮都敷衍搪塞。

（二）

刘琦见诸葛亮总是不愿给自己出主意，很着急。一天，他趁诸葛亮来襄阳时，特意将诸葛亮请到自己的后花园，并带诸葛亮上了阁楼。随后，刘琦屏退左右，又将通上阁楼的扶梯撤掉，让诸葛亮无法离开。然后，刘琦诚恳地对诸葛亮说：

“现在我们上不着天，下不着地，话从您的口中说出，进入我的耳朵，没有第三者知道，请先生还是讲了吧！”

诸葛亮见刘琦的确诚心请教，也不好再推辞，只好说了两句话：

“君不见申生在内而危，重耳居外而安吗？”

这里所说的申生和重耳，都是春秋时期晋献公的儿子，两人皆有贤德。申生的母亲齐姜是齐桓公侄女，为晋献公正妻，早亡，申生以嫡子被立为太子。

后来，晋献公宠幸骊姬，生下儿子奚齐。骊姬便想让晋献公立自己的儿子奚齐为太子，于是设法陷害太子申生和公子重耳。

申生在骊姬的迫害下，最后自缢身亡。重耳是申生的弟弟，他见奚齐要掌权，担心自己也受到迫害，便出逃在外，几经磨难，到晋献公死后终于回来即位，是为晋文公，后来成为春秋五霸之一。

虽然诸葛亮引喻的历史故事没有直接说明用意，但寥寥数语便点明了刘琦去危就安的出路。刘琦一听，马上理解了诸葛亮的用意。于是，他决定找机会离开刘表等人，到外边占据一块地盘，免遭杀身之祸。

诸葛亮暗示刘琦离开的真正用意，其实是想与刘琦结好，控制和利用刘琦的力量，或将他作为外援，日后图取荆州。

208年春，孙权的军队将刘表的江夏太守黄祖杀死，“虏其男女数万口”而归。刘琦趁机请求出任江夏太守，并率众屯驻在夏口（今湖北武汉）。日后，刘琦果然在江夏建立起一支兵力，为刘备派上了用场。

此时，刚刚称丞相的曹操正在中原操练兵马，还在冀州邺城做玄武池，专门用来训练水军，加紧准备南征荆州。孙权杀掉黄祖后，虽然停止了进攻，但对荆州仍然是个很大的威胁。这种局面让刘表寝食难安，不久便病倒了。

建安十三年（208）7月，曹操率大军开始攻打荆州，刘表更加惊慌失措。虽然这时他对刘备的戒心还没有完全解除，但在大敌当前的情况之下，他也只能借助刘备的力量以图自保了。

于是，刘表将刘备请来商量对策，并语重心长地对刘备说：

“我的儿子没有什么才能，手下诸将也不齐心。我死之后，你就掌管荆州吧。”

刘备虽然有心占领荆州，但又不愿趁人之危，因此回答说：

“公子都是贤才，我也一定会尽力帮助，您尽管安心养病吧。”

接着，刘备便提出愿意由新野移驻樊城，以保卫襄阳，刘表同意了。樊城距离襄阳很近，是刘备招揽人才、扩充实力、相机夺取荆州的好地方。

驻守江夏的刘琦听说父亲病危后，急忙从江夏赶回来。但蔡瑁、张允等人担心刘琦同刘表见面后，“父子相感，更有托后之意”，便拦住刘琦说：

“将军（指刘表）命公子镇守江夏，防备孙权，任务重大。如今你擅离职守，跑了回来，将军看到后必然会发怒谴责你，这就会伤亲人的心，加重他的病情，这不是孝顺的做法啊。”

刘琦也知道蔡瑁、张允之心，但又无可奈何，只得流着眼泪离开了。

不久，刘表病死，蔡瑁和张允等人立即立刘琮为荆州牧，屯兵襄阳。刘琦从夏口回襄阳为父奔丧，结果受到刘琮冷遇，又闻曹操大军将至，遂复南返。

（三）

9月，曹操大军抵达新野，刚刚任荆州牧的刘琮见曹军声势浩大，简直吓破了胆，就想向曹操投降。

当刘琮同手下亲信商议是否能依靠刘备的力量抵御曹操时，有人说：

“凭借刘备的力量根本不足以抵御曹操，就是保全了楚地，也不能保存自己。而且，就算利用刘备的力量抵御了曹操，那刘备也不会久居将军的位置之下的。”

刘琮一听，便决定不通知刘备，而是偷偷派人去迎接曹操。

驻屯樊城的刘备本来不知道曹军已到及刘琮投降之事，当他得知这一消息时，曹操的大军已经到达宛城（今河南南阳），离樊城不远了。

刘备非常气愤，派人追问刘琮，刘琮派宋忠到刘备处“宣旨”，意思是让刘备也投降。刘备怒不可遏，拔出佩刀，指着宋忠说：

“如今就是砍下你的脑袋，也不足以平息我心中的愤恨。如果杀掉你，我还不愿意让人觉得大丈夫在临别时还拿你们这些庸碌之辈消气！”

于是刘备将宋忠放走了。

宋忠走后，刘备忙与手下人商量对策。经过商议，刘备、诸葛亮很清楚地知道，单凭自己的力量是抵御不了曹操的大军的，因此只好率军撤离樊城，向江陵（今湖北江陵）方向撤去。

江陵是重要的军事基地，刘表在那里囤积了大量的军需物资。如果刘备能占据江陵，倚长江天险尚可抵抗曹操。同时，诸葛亮建议刘备派关羽率领水军由汉水到江夏，向刘琦求援，请他派军队、战船接应，最后在江陵会合。

樊城离刘琮驻屯的襄阳很近，当刘备率军经过襄阳时，诸葛亮建议刘备趁机进攻刘琮，认为这样的话，“荆州可有”，同时也不会影响与刘琦的关系。但刘备担心这样会因此而留下骂名，便没有采纳诸葛亮的建议。

在向江陵南撤途中，刘备吸收了不少士兵，但更多是大量的荆州百姓归附于他，粗略计算也有十几万。这些百姓都知道曹操嗜杀成性，不愿留在樊城等死；加之刘备一向待人宽厚、爱护百姓，因此百姓都愿意跟随刘备一起撤走。

有人劝诸葛亮舍弃这些士民，急速退守将领，但刘备不忍抛弃这些可怜的百姓独自逃难，因此这支逃难的队伍行进得十分缓慢，每天只能走十几里路。这样的队伍，怎么能抵得住曹操的精兵强将呢？

不久，曹操的追兵就在当阳的长坂（今湖北当阳）赶上了刘备一行。刘备此刻毫无还击之力，很快就被曹操打败了，队伍也被曹军冲散。此时，刘备的儿子刘禅（小名阿斗）仅是一个两岁的孩童。如果不是赵云的拼死保护，恐怕很难逃过此劫。

刘备无法再前往江陵，只得与诸葛亮、张飞、赵云等数十骑携家眷改道斜趋汉津，与沿着汉水东下的关羽水军会合。在关羽水军的掩护下，一行人才得以渡过沔水。而这时，刘琦又率兵万余人前来接应刘备，于是刘备跟随刘琦至夏口立足。

刘备退至夏口后，曹操夺取了江陵，随即便准备顺江东下，形势十分紧急。在这种紧急的情况之下，诸葛亮向刘备提议道：

“现在形势危急，请让我奉命向东吴孙权求救。”

相传诸葛亮南征期间，不少士兵因离家时间长而思念家乡，诸葛亮就给他们一块砖，说："躺在这块砖上，你们就可以到家了。"士兵们按照他的说法做了，果然如此。这块砖也因此被称为"鸡鸣枕"。虽然这个故事将诸葛亮神化了，但却突出了诸葛亮治兵的人性化。士兵们思念家乡，给他们一块砖，让他们能在梦里回到家乡。

第七章　舌战群儒

士之相知，温不增华，寒不改叶，能四时而不衰，历夷险而益固。

——（三国）诸葛亮

（一）

孙权，字仲谋，吴郡富春县人，其父孙坚、其兄孙策都是割据江东的军阀。建安五年（200）孙策死后，孙权继续统领江东之众。到建安十三年（208）时，孙权的势力已经成为仅次于曹操的一大集团了。

但是，在强敌曹操的进逼之下，孙权自己也难以抵御，因此也有与刘备联合抗曹的意愿。在刘表刚死后不久，孙权的部属鲁肃就曾建议孙权图取荆州，或与刘备联合，令其安抚刘表的部众，共同对抗曹操。鲁肃说：

“荆州之外有长江、汉水环绕，内有山陵屏障，土地肥沃，百姓生活富足。占据此地，是成就霸业的保证。现在刘表已死，他的两个儿子刘琦和刘琮一向不和，军中诸将也各怀异心。刘备的势力不容小觑，与曹操对立，寄寓刘表，刘表嫉妒他的才能而不重用。如果刘备与刘氏兄弟齐心协力，上下一致，我们就同他们结盟；如果他们离心离德，互不合作，我们就应该相机图取，成就大事。现在，我请求以奉命吊唁的名义前去荆州，慰劳军中的重要将领，并劝说刘备，使其安抚刘表的部众，共同联手抵制曹操，刘备必定满心欢喜而从命。如果现在不赶快前往，恐怕就要被曹操抢先了。”

孙权接受了鲁肃的建议，派鲁肃借吊唁刘表之机前往荆州，同时劝说刘备与诸葛亮。在当阳长坂，鲁肃遇到了正在南逃的刘备和诸葛亮，并得知刘琮已向曹操投降，便不再北行，而是向刘备和诸葛亮陈述了孙刘联盟的想法，劝说刘备与孙权合力，共同抗击曹操。

鲁肃问刘备：

“将军现在要到哪里去？”

“正准备前往苍梧（今广西梧州市），苍梧太守吴巨是我的老朋友，我想去那里投奔他。”由于还不了解鲁肃此行的目的，刘备没有将自己的真实意图告诉鲁肃。

而鲁肃却十分坦诚地劝刘备说：

“吴巨是个平庸之人，不足以共谋大事；而且苍梧地处边远，即将被他人合并，将军怎么能去依托他呢？我们孙将军聪敏仁惠，敬贤礼士，江东英豪都纷纷归附于他，且吴国现已据有六郡，兵精粮多，足以站得住脚，成就大事。我为刘将军打算，不如与孙将军联盟，共图大业。”

联吴抗曹本来就是诸葛亮隆中对策中让刘备所走的第一步棋。此时正值败军之际，刘备正需要支援，又见诸葛亮和鲁肃都主张孙刘联合抗曹，心中非常高兴，当即表示赞同。

不久，刘备便派诸葛亮随鲁肃一同到柴桑（今江西九江）去见孙权，共商孙刘联盟之事。同时，刘备还按照鲁肃的建议进驻鄂县（今湖北鄂城）的樊口，以便更加靠近孙权。

（二）

当曹操准备从江陵顺江东下时，孙权正拥军在柴桑观望。虽然他此前已经派鲁肃前去联合刘备，共同抗击曹操，但由于其集团内部除鲁肃主张抗曹外，一大批如张昭一类的老臣都主张向曹操投降；加之曹操又写信给孙权威逼利诱。所以，孙权当时在抗曹还是降曹问题上态度暧昧，犹豫不决。

诸葛亮随鲁肃来到柴桑后，孙权马上接见了他。相互寒暄之后，孙权试探着问诸葛亮：

“如今曹操势力强大，刘豫州（指刘备）新败，江东也处于困境，您有什么良策呢？”

诸葛亮根据当时的形势，针对孙权思想上的疑团和犹豫不定的态度，坦诚地说：

“天下大乱以来，将军已经据有江东，刘豫州也在汉水以南招募军队，与曹操并争天下。现在，曹操已经灭掉了不少对手，基本平定了北方，如今又攻破荆州，威震四海，令英雄缺乏用武之地，所以刘豫州逃遁到这里。将军也应估量一下自己的力量，采取相应的对策。如果能够以吴越之众与曹军抗衡，就应马上与他断绝关系；如果没有力量抵抗曹军，那就放下武器，捆起盔甲，停止抵抗，趁早投降，向他俯首称臣。可是，现在将军表面上服从他，内心又犹豫不决。在这紧急关头，将军还不能决断，恐怕大祸很快就要临头了。”

听完诸葛亮的话，孙权有些生气，便反唇相讥地问道：

“既然像您说的这样，那么刘豫州为什么不向曹操投降呢？”

诸葛亮等的就是孙权的这句话，因此笑了笑，理直气壮地回答说：

“田横不过是齐国的一个壮士，尚且能守义不辱，何况刘豫州是汉家王室的后代，英雄盖世，如今许多贤能之士都仰慕他，投奔他就像江河归于大海一样。即使大事不能成功，那也只能是天意，哪能屈从拜倒在曹操的脚下呢！”

孙权听后，激动地说：

“我也不想拿整个东吴之地与10万兵众受制于人，我也想抗击曹操。现在除了刘豫州之外，就再没有能够抗拒曹操的人了。可是，刘豫州在新败之后又如何能挡住曹军的进攻呢？”

针对孙权的疑虑，诸葛亮具体分析了敌我双方的力量对比。他说：

“刘豫州的军队虽然在长坂吃了败仗，但归队的士兵再加上关羽的水军，还有精兵万人，而且刘琦统领的江夏将士也有不少于万人。曹兵虽然人数众多，但远道而来，长途跋涉，很是疲惫。听说追赶刘豫州的轻骑兵一天一夜走了300多里（折合150千米）路，这就是所谓‘强弓射出的箭飞到尽头，连一层薄薄的绢也不能穿透’的道理。兵法上很忌讳这样做，认为这种做法‘必定损失上将军’。同时，北方人不习惯水战。还有，荆州民众归附曹操也不过是迫于其兵势，并非心服。现在将军如果能派出猛将统兵数万，与刘豫州同心协力，是一定可以打败曹操的。曹操兵败，必然会退回北方。这样以来，荆州与东吴的势力就会增强，鼎足而立的局面就形成了。而成败的关键，就在今日。”

听罢诸葛亮的分析，孙权心悦诚服，疑虑全消，也增强了战胜曹操的信心。同时，他也很佩服诸葛瑾的这位弟弟，觉得他的见解的确不同一般人。于是，孙权当即决定与部下进行讨论，征询下属意见，以统一行动。

（三）

在刘备与孙权商议联盟期间，曹操早已占据江陵。但他并没有马上攻打刘备，而是利用这段时间做了以下几件事：

第一，收编了刘琮的军队，人数约为七八万，且多数为水军。

第二，表彰了荆州投降的人员，并以刘琮为青州刺史，封列侯，“蒯越等侯者十五人”“多至大官”。

第三，派人对荆州的江南四郡（长沙、零陵、武陵、桂阳）进行招抚，并获得成功。而远在益州的益州牧刘璋也向曹操俯首称臣，“始受征役，遣兵给军”。

第四，下令“荆州吏民，与之更始”，也就是要荆州的官吏和百姓全部向他投诚，一起除尘布新。

第五，招荆州名士韩嵩、邓羲等入朝为官。同时，荆州不少士人也都投靠了曹操。

曹操占据荆州后，获得了大量的兵力、物力和人力，这让他感到十分自得。此时，曹操根本没将狼狈逃窜的刘备放在心上，即使对占据江东的孙权也没看在眼里。曹操认为，自己随时可以一举消灭刘备，然后迫使孙权降服。

于是，他一方面集中水陆两军，积极扩充战船，准备沿江东下；一方面派人向孙权下战书。战书中写到：

“近来我奉皇帝之命讨伐有罪的人，军旗指向南方，刘琮投降。现在，我训练了80万水军，准备同将军（指孙权）在东吴会战。”

孙权将这份战书拿给群臣看，结果“莫不响镇失色”。

当时，孙权的部下分为主战派和主降派两派。在讨论如何对付曹操时，以张昭、秦松为代表的主降派被曹操的声势所吓，主张孙权应马上率部投降。老臣张昭向孙权进谏说：

“曹操就像是豺狼猛虎，挟持天子以征讨四方，动不动就以朝廷为辞。今日如果我们对抗他，事情会更加不顺。将军以前可以依靠长江天险来抵御曹操，而现在曹操占据荆州，有了水军，水陆俱下，我们便失去了优越的条件。况且双方势力众寡悬殊，根本没有可比性，只有投降才是上策。”

张昭的意见也得到了多数人的同意，让孙权感到很为难。

而主战派以周瑜和鲁肃为代表。当时，周瑜正在外地，没有参加商议。在一片“劝权迎之”的呼声中，鲁肃一言不发，他在考虑该怎样劝说孙权不要选择投降这条路。

当孙权起身更衣时，鲁肃跟了上来。孙权知道鲁肃的意思，便问道：

“先生要说什么？”

鲁肃急切地回答说：

“那些人提出投降的意见，其实是在误害将军，因此根本不值得与他们共商国家大事。现在，像我鲁肃这样的人可以迎接曹操，但将军您却不可以。”

孙权有些不解，鲁肃遂接着说道：

“如果我现在迎接曹操，他会将我送还乡里，给我一个名位，最低可以封为下曹从事，每天乘坐着牛车，携带着随从，交游名士。经过逐渐升迁，我肯定能做到州郡一级的官员。但如果将军投降了曹操，能有安身立命之地吗？希望将军能早定大计，不要听信他们的谗言。”

孙权听罢，叹息一声，说道：

“刚才他们的话也让我大失所望，而现在您所说的正与我的想法相同。”

接着，孙权又将周瑜从外地召回，询问意见。周瑜见张昭、秦松等人主张投降，针锋相对地说道：

“现在曹操虽然托名汉相，但实为汉贼。孙将军以神武雄才，兼仗父兄之烈，割据江东，地方数千里，兵精足用，英雄乐业，当横行天下，为汉家除残去秽；况且曹操是自来送死，怎么还能迎接他呢！”

孙权见周瑜也这样理直气壮，便感慨地说；

“张子布（指张昭）等人各顾妻子，存有私心，让我很失望。唯有你与鲁子敬（指鲁肃）与我的态度相同。这真是上天安排你们来帮助我的啊！”

但是，老臣张昭等人仍然力主降曹，孙权十分气愤，遂当着张昭等人的面拔刀砍向面前奏案，大声喝道：

“诸将再敢说投降曹操者，与此案相同！”

张昭等投降派见孙权态度决绝，不禁噤若寒蝉，不再做声了。

随后，孙权立即便派周瑜、程普与鲁肃等率水军三万，跟随诸葛亮前往夏口，与刘备会合。

此时，被困夏口的刘备目睹曹军日益逼近的形势，万分焦急，每天都派人打探孙权援军的消息。当他得知周瑜等率军同诸葛亮一起前来时，非常高兴，急忙派人慰劳，并亲自乘船去迎接周瑜。

双方相见后，互致友好合作之意。随后，刘备问周瑜道：

“东吴抗击曹操的入侵，这是睿智的决定，不知战卒有多少呢？”

“有三万人。”周瑜回答道。

刘备一听只有三万人，有些失望地说：

“可惜少了。”

但周瑜却信心满满地说：

“这已经足够用了，刘豫州只管等着观看周瑜如何破敌吧！”

至此，诸葛亮出使柴桑，说服孙权共同抗击曹操的使命算是圆满完成了。

→夔州人十分重视诸葛亮，每年，他们都用踏蹟游这个节目来纪念诸葛亮。即在每年的农历正月初七这一天，全城人都出游夔州江边的八阵图。这天，爱美的女子还会捡起可以穿起来的小石子，回到家后，选用一根鲜艳的绳子，将这些石子穿成一串，然后系在钗头上，认为这样可以给自己带来一年的祥瑞。

第八章　得荆取益

恢弘志士之气，不宜妄自菲薄。

——（三国）诸葛亮

（一）

刘备和孙权的军队合并后，共五万多人，统归周瑜指挥，随后便沿江西上迎击曹操。这时，曹操的军队正顺流而下。双方在长江南岸的赤壁（今湖北赤壁市西北）相遇。曹军初战不利，退至长江北岸的乌林，与驻在南岸的孙刘联军隔江对峙。

情况的发展正如诸葛亮、周瑜所分析和估计的那样，曹操的军队已经十分疲劳，加上水土不服，陆续发生了疫病；同时，曹军多数人不习水性，受不了江上风浪长时间的颠簸，将士精神不振，从而影响了战斗力。

东吴大将军黄盖建议用火烧曹军，于是周瑜便派黄盖诈降曹操。黄盖趁曹操骄傲轻敌和相信自己投降之机，建议曹操将战船连起来，以减轻船身的摇晃。

曹操信以为真，依计而行。结果黄盖趁机火烧曹军战船，并延及岸上营垒。曹军人马或被烧死，或溺水而死，损失惨重。孙刘联军乘胜追击，大破曹军，曹操率领残部返回北方。

这一战役，就是发生在建安十三年（208）冬天的以少胜多、以弱胜强的著名的赤壁之战。

赤壁之战后，刘备上表请刘琦为荆州刺史，因为从名义上讲，荆州原为刘表的地盘，现在理应由其子刘琦统领。但实际上，赤壁之战后，荆州诸郡已被刘备、孙权和曹操三家所分占：刘备夺得荆州南部的武陵、长沙、桂阳、零陵四郡；孙权夺得荆州东部的江夏郡和中西部的南郡等大部；而南部的襄阳县以北及荆州最北部的南阳郡，仍为曹操所占领。

在其所控制的荆州四郡，刘备分别设置了太守，并以诸葛亮为军师中郎将，总督零陵、桂阳、长沙三郡，调其赋税，以充军资产。而刘备本人则前往武陵县的孱陵县立营。

建安十四年（209）冬，荆州刺史刘琦病故，群下便推举刘备为荆州牧。这是刘备第一次担任有实权的州牧，他将自己立营的武陵郡孱陵县改名为公安（今湖北公安），作为荆州的基地。辗转半生的刘备，终于在知天命之年获得了一块安身立命之地。

建安十五年（210），因原来刘表的旧部多归附了刘备，而刘备所占领的武陵、长沙、桂阳和零陵四郡都相对落后，且地少偏狭，不足以容其众。特别是从政治军事角度考虑的话，长江北岸的江陵才是荆州的军事要镇，是南郡的郡治所在地。

以前，刘备就曾想占据江陵攻打曹操，结果被曹操逼至当阳长坂大败。现在，江陵问题又摆在刘备面前。只有占据江陵，像当年诸葛亮提出的那样，先据荆州，再取益州作为立业之基，接着以荆州为根据地北趋宛、洛，配合益州的北伐之师，最终兴复汉室的目标才能实现。而此时，南郡归孙权所有，由周瑜领重兵把守，要力夺肯定是不行的，只能智取。因此，刘备决定亲自前往京口面见孙权，向孙权借南郡。

当时，周瑜为南郡太守，当他听说刘备亲自去向孙权借南郡时，不但极力反对，还给孙权上书，建议将刘备软禁在江东，并隔断刘备与诸葛亮等人的联系。他说：

"刘备是一代枭雄，关羽、张飞都是万人难敌的勇将，干脆趁此机会将他们软禁在东吴，供给他们美食美酒美女，料想这三人哪里经受得住这样的诱惑？用不了多久，三人必定玩物丧志，到时自然会听命于我国了。如此一来，我率军西取巴蜀，北攻曹操，不久霸业可成啊！"

然而鲁肃的头脑很清醒。他知道，东吴现在东线抵御曹操的压力很大，如果将南郡借给刘备，让刘备抗衡曹操来自西线军事重镇襄阳的压力，东吴尚可摆脱两线作战的艰难处境。而孙权也认可鲁肃的对策。

恰在这时，周瑜英年凋逝，他的主张自然也难以继续了。鲁肃接替周瑜之位后，不久就将南郡借给了刘备。至此，在荆州七郡中，除了被曹操所占的南阳郡和孙权所占的江夏郡之外，其余五郡均为刘备所有。

刘备占有荆州五郡后，继续招贤纳士。在此之前，他已经新收了黄忠和魏延两名武将。此时，又有一位著名的文士前来投奔，他就是被庞德公和司马徽称为"凤雏"的庞统。

庞统刚来时，刘备并未与其深谈，而是直接将他安排在桂阳郡的耒阳县担任县令。但庞统在担任县令期间，政绩竟然很差，不久刘备就把他的官职免了。

远在陆口的鲁肃知道这件事后，马上给刘备写了一封信，说庞统本非县令之才，只有让其担任治中、别驾一类的高级职务，才能让其发挥所长。同时，诸葛亮也向刘备表达了类似的看法。

刘备见诸葛亮和鲁肃都极力称赞庞统，便与庞统深谈了一次。结果发现，庞统的确是名符其实的人才，于是深为器重，将其任命为治中从事，不久又让其与诸葛亮一起并为军师中郎将。

（二）

按照诸葛亮在“隆中对策”中所提出的战略决策，刘备在占领荆州之后，接下来就要取益州了。

东汉末期的益州，辖有汉中、巴郡、广汉、蜀郡、犍为、牂牁、越巂、益州和永昌九郡，以及分别由广汉、蜀郡、犍为三个边郡分出的与郡平级的广汉蜀国、蜀郡蜀国和犍为蜀国，共12个郡级区划。其辖地以现在的四川省为中心，北面包括陕西省的汉中地区，南面包括云南、贵州一带。

自汉灵帝中平五年（188）起，刘焉便担任益州牧。刘焉，字君郎，江夏郡竟陵人氏（今湖北潜江）。其先祖为汉景帝之子鲁恭王。刘焉死后，其子刘璋继位。

但刘璋生性懦弱无能，导致内有土著豪族恃功而骄，难以驾驭，外有张鲁虎视眈眈。因此，此时刘璋所处的境地十分尴尬。

建安十二年（207），刘璋曾向北方强大的曹操献媚，可惜曹操当时心高气盛，对待刘璋的使臣张松傲慢无礼，让张松十分尴尬。张松回去后，大肆诋毁曹操，劝刘璋与曹操断绝来往，并设法联络刘备，结为外援。

刘璋问张松，可以派谁前往荆州与刘备联系呢？张松推荐了军议校尉法正。法正本来就有心归附刘备，但又怕引起刘璋怀疑，因此故意推辞，最后装出一副不得已才前往荆州的样子。

法正出使荆州回来后，向张松大赞刘备有雄才大略，两人便密谋拥戴刘备为益州之主，只是一时找不到机会。恰在这时，刘璋听说曹操派兵前往汉中讨伐张鲁，心中十分恐惧。张松趁机向刘璋建议道：

“刘备与主公同为汉室宗亲，是曹操的仇人，且善于用兵，若请他入蜀讨伐张鲁，则张鲁必败无疑。张鲁一败，益州力量必然增强。那时就算曹操再来攻打，也无能为力了。”

刘璋见事已至此，也没有更好的办法了，只好同意了张松的建议。

建安十六年（211），法正率兵4000人前往荆州迎接刘备入蜀。刘备正想着取益州呢，天上恰好就掉下了这么大一个馅儿饼，岂有不接的道理?

于是这年冬天，刘备留诸葛亮、关羽、张飞、赵云、孟达等人镇守荆州，自己带着庞统、黄忠、魏延等率兵数万随法正前往益州。

当刘备率领大军到达巴郡治所江州县（今重庆市）时，刘璋的巴郡太守严颜抚心长叹，认为刘璋请刘备入益州，犹如独坐穷山而放虎自卫。很快，刘备一行就顺着长江、嘉陵江，到达了涪县（今四川绵阳）。刘璋从成都率兵三万余人前来与刘备相会。

刘备与刘璋会合后，两人便整日一起推杯换盏，开怀痛饮，多达百余日。刘璋为刘备补充了兵力，提供了大量的物资，还命刘备前往广汉郡所辖的葭萌县（今四川广元西南）进攻张鲁。

在葭萌县附近，还有广汉郡所辖的白水县，县内白水关驻扎着杨怀、高沛所率的军队。刘璋令他们都统统归刘备督领。做完这些安排后，刘璋便放心大胆地返回成都，以为自己从此终于可以睡个安稳觉了。有刘备这样的救世主，难道还怕张鲁和曹操吗?

然而，刘备在葭萌县安定下来之后，并未出兵讨伐张鲁，而是厚树恩德，收揽人心，为进攻成都做着准备。

（三）

正当刘备在葭萌县积蓄力量，准备攻打成都时，张松与刘备暗通款曲的事被其兄张肃发现了。张肃担心一旦事发会累及家属，便向刘璋告发了张松和刘备合谋之事。刘璋这才恍然大悟，他一面派人捕杀张松，一面与刘备对垒于雒城（今四川广汉）。

不久，刘璋收斩了张松，并敕令诸关守将不得与刘备勾结串通。至此，刘璋与刘备的矛盾公开化。刘备听说刘璋斩杀了张松，大怒，遂召白水关守将杨怀、高沛，责以无礼而斩之，并夺取其众，南下占领了涪县。

刘备担心自己在这里根基不稳，再遭遇张鲁和刘璋的两面夹击，因此决定命诸葛亮率军前来增援，早日攻克成都，平定巴蜀。

在刘备离开荆州的这三年，荆州在诸葛亮的治理下成效卓著，已然一片欣欣向荣的景象。接到刘备的命令后，诸葛亮将荆州诸事交给关羽负责，并叮嘱关羽以防御为主，不要与孙权、曹操产生大的冲突，随后率精兵数万前去救援刘备。

张飞任这路大军的先锋，他逢山开路，遇水搭桥，攻克巴东（今重庆奉节），兵临江州（今重庆）城下，俘获了巴郡太守严颜，并成功说降了严颜。这就是著名的张飞义释严颜的故事。

而诸葛亮则与赵云溯江西上，在江州与张飞会合，然后兵分三路西援刘备：一路由赵云率领，从外水（长江）进军江阳（今四川泸州）、犍为（今四川彭山），绕至成都之西；一路由张飞率领，进军巴西郡（今四川阆中），攻打成都之北；一路由诸葛亮率领，由中路到达绵竹，居中策应声援刘备。

期间，诸葛亮派人加急给刘备送去了战略部署，刘备收到后，立即对雒城发动总攻。此时刘璋已听说江州失陷，诸葛亮等人很快就抵达成都，早已无心恋战，遂撤军退守成都。

这时，刘备遇到一悲一喜两件事。悲的是“凤雏”庞统在阵前不幸被流矢击中去世，这件事让刘备难过了很长时间，每每想起，都忍不住落泪；喜的是迎来了猛将马超。

马超，字孟起，骁勇善战，曾被曹操打败后归顺张鲁，但张鲁始终对他戒备重重，让马超心怀不满。因此，马超便秘密与刘备联络，最终投靠到刘备军中。马超的加入令刘备如虎添翼，成都城中震怖，刘璋不战而降，将成都拱手让给刘备。

其实，当时成都城中兵精粮足，尚可支撑一阵，刘璋手下的很多部将也反对投降。但刘璋虽然懦弱，却也算宽厚仁慈，不愿百姓跟着受苦，一旦交战后两败俱伤再投降，更是得不偿失。

而刘备考虑到刘璋是汉室疏宗，与自己也有一定的宗亲关系，加之自己也是应刘璋之请趁机夺取成都的，心中不免有愧，因此也不忍杀害刘璋，便将其徙于荆州公安县，尽归其财物及原所佩振威将军印绶。

此时，刘备便以荆州牧和益州牧的双重身份坐镇成都了。诸葛亮7年前在隆中对策中提出的先取荆州、后取益州作为立国之基的战略方针终于实现。7年前，刘备还是一个辗转数年而无处落足的落魄皇族，诸葛亮是胸怀大志报国无门的隐居青年。幸而刘备诚心求贤，诸葛亮感念知遇之恩，出山辅佐，才成就了二人今日的辉煌，这也是自古以来明君良臣的一个楷模。

第九章　大意失荆

夫学须静也，才须学也，非学无以广才，非志无以成学。

——（三国）诸葛亮

（一）

就在刘备占领成都没多久，北边汉中郡的形势发生了突然变化。建安二十年（215）3月，曹操率军进攻张鲁。7月，阳平关被攻陷，张鲁投降，曹操占据汉中，随后留下夏侯渊和张颌镇守，自己则返回邺城。

曹操占据汉中对刚刚取得成都的刘备来说是个不利的变化。曹操为一代枭雄，留镇汉中的夏侯渊和张颌也均为猛将，且兵力强势，因此不但不易被刘备所攻取，还可能会对成都构成很大威胁。这个意外的变化是诸葛亮当年在“隆中对策”中始料未及的。

面对这个意外，在是否出兵进攻汉中的问题上，诸葛亮显得有些疑虑，但曾为刘备夺取成都立下首功的法正坚决主张出兵夺取汉中。

刘备采纳了法正的意见，于建安二十二年（217）亲率大军进攻汉中。但战事进行得并不顺利，刘备急忙给诸葛亮写信，请诸葛亮从成都派兵增援。

诸葛亮因对出兵一事存有疑惑，便征询从事杨洪的意见。杨洪说：

“汉中乃是益州的咽喉。没有汉中，就没有蜀地，等于祸至家门了。今日之事，青壮男子从军作战，妇女负责后勤运输，发兵还有什么疑惑的呢？”

诸葛亮疑虑尽释，于是派兵增援刘备。

建安二十四年（219），刘备于阳平关南渡沔水，在定军山上扎营。夏侯渊闻讯后，领兵来争其地。在法正的指挥下，老将黄忠斩杀了夏侯渊，曹军大败。

不久，曹操再次亲临汉中督战，但由于两军相持数月，曹军士气低落，不断逃亡。曹操无奈，只得于同年5月率军撤出汉中，退回长安，刘备占领汉中。7月，刘备进位汉中王。

与此同时，荆州方面也发生了翻天覆地的变化，镇守荆州的关羽命南郡太守糜芳镇守江陵，命将军傅士仁镇守公安，自己则率领大军开始北伐，围攻曹仁驻守的樊城。

曹操闻讯后，立即派于禁、庞德两位大将率军援助曹仁。然而8月正值梅雨季节，雨水不断，致使汉水暴涨，于禁所督七军皆被水淹，于禁本人也投降了关羽，庞德则被关羽擒杀。

关羽占领樊城的消息震惊了整个曹营，曹操听到这个消息后，甚至产生了将都城北迁的想法。然而司马懿与蒋济分析形势后，建议曹操派人劝说去孙权偷袭荆州，并许割江南之地以封孙权，这样樊城之围自解。曹操听从此计，马上派人前往东吴去劝说孙权。

在此之前，关羽在三件事情上惹恼了孙权：

第一，孙权曾派人为自己的儿子求娶关羽的女儿，而关羽不但没答应，还辱骂东吴使者。

第二，自从建安二十年（215）孙刘以湘水为界中分荆州后，孙权便临湘水而置关储粮，而关羽此次得到于禁等数万人马后，粮食不够，便擅取孙权的湘关之米。

第三，关羽占领樊城，得到了于禁的人马后，声威大震。孙权为讨好关羽，表面上主动请求出兵增援，但暗中却命援兵按兵不动。关羽知道后，大骂孙权。

这三件事的发生，错多在关羽，而这也为孙权破坏孙刘联盟、率兵偷袭荆州提供了借口。

（二）

其实孙权一直都想从东吴出兵，渡江攻取徐州，并曾亲自率领大军在合肥等地与曹军大战，但始终未能如愿。因此，吕蒙就劝孙权先攻打关羽，夺取荆州，以控制整个长江以南的地区，然后再与曹操抗衡。孙权接受了吕蒙的意见，临时改变战略部署，决定联合曹操来对付关羽。

关羽在出兵北伐襄阳、樊城时，对孙权可能袭击荆州是有所防备的，在后方也留有相当的兵力。但是，关羽为人一向傲慢自负。针对他的这一弱点，吕蒙建议孙权以治病为由调他返回建业（今南京）休养，而以当时还不出名却颇具才能的陆逊代替他的职务。

陆逊到职后，给关羽写了一封信，在信中对关羽大加恭维，先是赞颂他在樊城取得的胜利，后又表达了自己的尽忠之意，语气非常谦恭，态度也十分友好。

关羽看罢信后，认为陆逊不过是个无能之辈，便因此麻痹大意，将留守后方的军队陆续撤走，以增援襄阳和樊城的战役，令荆州的兵力日渐空虚。这就给孙权偷袭荆州创造了可乘之机。

在收到曹操的信后，孙权给曹操回信表示愿意“讨羽自效”，并请曹操保密，以防关羽得到消息后回师，同时亲率大军溯江西进，令吕蒙为大都督担任前部，偷袭荆州。

吕蒙由建邺来到浔阳后，将战船伪装成商船，昼夜兼行，同时偷偷将关羽沿江所置的探哨兵一一消灭，令关羽对吴军行动一无所知。

直到东吴大军兵临城下，荆州守军才发觉。然而，公安守将傅士仁和江陵守将、南郡太守糜芳因一向不满于关羽的傲慢，遂率兵先后降吴。这样，吕蒙便轻而易举地占领了江陵，切断了关羽的后路，夺取了他的大后方。

在樊城前线，关羽虽然从曹操大将徐晃处得知吕蒙将偷袭荆州的消息（曹操命徐晃故意告诉关羽），但自恃江陵、公安两城防守坚固，便未及时回师。待得知荆州失守后，才连忙放弃围攻樊城，率军救援江陵，但为时已晚。

吕蒙占领江陵等城池后，严明军纪，命令不得骚扰荆州吏民，对关羽及蜀郡将士的家属也一律善待。关羽几次派人送信，吕蒙都热情款待，并让其探问诸将士家属。关羽部卒本已厌战，现在又听说家属受到保护，便都纷纷逃归。荆州的官吏及各城长吏也都很快归附了东吴。

关羽自知已孤立无援，便向西退守麦城（今湖北当阳东南），不久又弃城逃遁，大军散尽，他只带了十余骑逃奔。

建安二十四年（219）12月，孙权大将潘璋的部下马忠在南郡临沮县的章乡设伏擒获了关羽及其子关平，并将其一起斩杀。

至此，自赤壁之战后被刘备所占领的荆州，仅仅过了11年就丢掉了，被孙权所据有。

荆州失守、关羽被害的消息传到成都，刘备悲痛欲绝，诸葛亮也痛心疾首。失掉了荆州，令原来处于极为有利地位的刘备一下子便失去了半壁江山，也令诸葛亮在隆中提出的分两路进攻中原的战略设想化为了泡影。

（三）

荆州的丢失，直接责任虽然在关羽，但与诸葛亮的战略决策失误也有关。当年，诸葛亮在隆中为刘备所作的战略决策中有两项重要内容：跨有荆州、益州和对外结好孙权。

但是，诸葛亮忽略了一个最基本的事实，那就是从长远来看，“跨有荆益”与“结好孙权”是相互矛盾的。刘备既想占有荆州，又想维护与孙权的联盟，是办不到的。两者只能得其一，不可能兼得。

荆州对刘备自然是很重要，但对孙权一样重要。而从地理位置来看，荆州对孙权要更加重要，可以说是其立国之命脉。在荆州与刘备所占领的益州之间，有三峡隔阻，交通非常困难。对刘备来说，荆州是孤悬于三峡之东的一块飞地，能得到当然好，即使得不到，他仍然可以凭借益州的四面险阻在蜀中长久立国。

相反，荆州与孙权所占领的扬州之间有长江相连，交通便利，朝发夕至。对孙权来说，荆州和扬州就是不可分割的一个整体，不控制荆州，他在长江下游就无法立国。

从长远来看，如果刘备长期占据荆州，孙权总有一天会首先破坏孙刘联盟，发兵夺取荆州。刘备如果想维护与孙权的联盟，就必须将荆州让给孙权。诸葛亮既想让刘备占据荆州，又想长久维护孙刘联盟，这实在是他一厢情愿的设想，根本没有考虑到孙权是否会长久地接受这一条件。

孙权是个多谋善变且又能屈身忍辱的人。在赤壁之战和战后的最初几年，他为了借助刘备的力量抗击曹操，可以维护孙刘联盟，并暂时忍耐，让刘备占据着荆州。但随着情况的发展和条件的变化，尤其是刘备夺取成都及汉中后，他就绝对不会再继续任由刘备占领荆州了。

所以，孙权最终首先破坏孙刘联盟，从刘备手中夺回荆州，有其必然性，并不意外。只是诸葛亮没有考虑到这一点，致使战略失策，丢失荆州，给刘备造成了巨大的损失。从此，刘备的势力便被囿于三峡以西的四川及汉中、云贵一带，势力发展受到很大限制。

建安二十五年（220）正月，曹操病死，其子曹丕嗣位为魏王，改建安二十五年为延康元年。10月，汉献帝被迫禅位，汉朝灭亡，曹丕即帝位，国号为魏，建都洛阳，又改延康元年为黄初元年。11月，曹丕降封汉献帝为山阳公。

曹丕称帝的消息传到成都，当时讹传汉献帝已经被害，蜀汉君臣无不义愤填膺。群臣因汉中王刘备乃汉室苗裔，而国不可一日无君，于是纷纷劝进刘备克成大统。

在中国古代，敦劝某人登上九五之尊有一个专有名词，即“劝进”。劝进者要真心实意地敦劝，而被劝者先要推辞一番。一般要经过多次劝进，被劝者才俯允众人意见。

刘备也不能免俗，很多花言巧语者借此向刘备大献殷勤，大肆夸耀，而刘备自然也是一番推辞。但诸葛亮劝进得却很诚恳，他说：

“现在曹氏篡取汉位，天下无主，大王是刘氏后裔，继承汉统，即皇帝位，这是义不容辞的。”

刘备这才接受众人的劝进，于曹丕称帝的第二年（221）4月即位于成都西北武担山的南麓，国号仍为汉，世称蜀，也称蜀汉，同时改元章武。

称帝后，刘备任命诸葛亮为丞相。在任命策文中，刘备写道：

“朕如今遭遇家族不幸，不得已继承帝位，兢兢业业，丝毫不敢停下来享受安乐，战战兢兢，一心想要安定百姓，生怕自己能力不够难以做到。丞相您要充分了解朕的心意，在帮助朕弥补过失方面不要懈怠，以便重新发扬汉朝的光辉，以照亮天下，望丞相能够自勉啊！”

这篇策文写得情深意切，寄托了刘备对诸葛亮殷切的希望、深重的信任以及两人之间共同的理想。

在云南的普洱茶产区，当地人有的祭古茶树，有的祭一方山神，但更多的人是祭拜“茶祖”——诸葛亮。相传诸葛亮在南征时，曾给云南攸乐茶山的基诺族留下许多茶籽，以让他们安居下来，种茶为生。此后，基诺族便世代尊奉孔明。清朝道光年间编撰的《普洱府志·古迹》中有记载：“六茶山遗器俱在城南境，旧传武侯遍历六山，留铜锣于攸乐，置铜于莽枝，埋铁砖于蛮砖，遗木梆于倚邦，埋马蹬于革登，置撒袋于慢撒，因以名其山。莽枝、革登有茶王树较它山独大，相传为武侯遗种，今夷民犹祀之。”该志还提到，大茶山中有孔明山，是诸葛亮的寄箭处，上面还有祭风台旧址。

第十章　白帝托孤

不爱尺璧而重爱寸阴，时难遭而易失也。

——（三国）诸葛亮

（一）

刘备称帝后，考虑到曹丕也刚刚称帝，正忙于稳定内部，无暇他顾，而自己又完成了政治上和军事上的准备，因此决定立即率兵讨伐东吴，为关羽报仇，重新夺回荆州。群臣苦苦劝阻，赵云也劝谏道：

“国贼是曹操，不是孙权。若先灭掉魏国，孙权自然会听服于我们。现在曹操虽然死了，但其子曹丕篡国。我们应该顺应民心，早日图取关中，占据黄河、渭水上流，以讨凶逆，关东义士定然会携粮策马以迎王师。所以，我们现在不应不顾及曹魏，先与孙权交战。仗一打起来，就不可能很快结束，这不是上策！”

赵云的话很有道理，但刘备根本听不进去，一心只想着灭掉东吴孙权，为关羽报仇。

对于是否出兵伐吴一事，诸葛亮的内心也很矛盾。如果讨伐东吴，从根本上就破坏了联吴抗曹的战略方针，显然是不合适的；但如果不伐，蜀国领地就会局限于益州，地处偏远险阻之处，难以有大的作为。而且，困在这里也不利于实现两路出击、北伐中原的设想。

在经过反复衡量后，诸葛亮觉得，趁曹丕无暇南顾之机，出兵教训一下孙权也未尝不可。因为一味退让以求联合，则联合忘；若能施加些压力，夺回荆州，孙权力量削弱，以后也不敢不对蜀汉有所畏惧。

更主要的是，刘备刚刚登基，御驾亲征，决心很大，自己也不好过分劝阻。而且诸葛亮觉得，刘备率大军出征，就算不能大胜，但也不至于大败。

因此，对刘备出兵伐吴一事，诸葛亮未表示出坚决反对的态度。章武元年（221）7月，刘备亲自率领6万大军出蜀东征。

就在这时，忽然传来噩耗，张飞因虐待军士，被帐下部将张达、范强所杀，并携其首级投奔了孙权。这更加激起了刘备讨伐孙权的决心。

得知汉主刘备出兵伐吴，孙权不免有些忧惧，忙遣使求和，但刘备根本不答应。孙权见求和不成，只好硬着头皮迎战。他一面命陆逊为大都督，督领朱然、潘璋、宋谦、徐盛、韩当等5万人据守，并将都城从建邺迁到长江中游的武昌（今湖北鄂城），以便扼守荆州；一面又联络曹魏，遣使称臣，并送回被关羽囚禁的于禁，同时表示尽量满足魏国的要求，以使曹魏在吴蜀之争中保持中立。

当时，诸葛亮的哥哥诸葛瑾正任南郡太守，也奉孙权之命写信给刘备，陈说利害，劝其消除仇恨，停止用兵，恢复和好。但刘备根本不听，他派吴班、冯习为先锋，率领4万前锋部队突破吴军防线，进军至秭归。

章武二年（222）正月，刘备来到秭归，随后又派吴班、陈式率领水军进驻夷陵，占领长江两岸。2月，刘备从秭归率大军自江南沿山推进，连营数百里，前锋驻屯于夷道、猇亭；另外又派黄权度督江北诸军以防魏军。

孙权见刘备来势汹汹，只得派陆逊为大都督，率兵5万拒敌。陆逊分析形势后，便采取诱敌深入、以逸待劳、先让一步、后发制人的策略，命令吴军退守800里（折合400千米），将林木蔽天的崇山峻岭让给蜀军，将自己的军退集结在猇亭一线，坚守阵地，不与刘备决战。双方对峙达半年之久。

到了闰六月盛夏之时，天气酷热难忍，刘备兵疲意沮，便移入到密林之中结营，准备秋后天气凉爽些再与吴军作战。

然而陆逊却抓住了这一有利于吴军的时机，全线出击，采取火攻，结果连破刘备40余营，斩其大将张南、冯习，以及胡王沙摩柯等，杜路、刘宁等归降于陆逊。

刘备见大势已去，只得带领少量兵马半夜逃归白帝城（后被刘备改为永安）。而此时在江北督军的黄权因道路隔绝，无法还蜀，遂于8月率众投降曹魏。这次战役，史称夷陵之战。

（二）

刘备败绩的消息传到成都后，满朝上下无不震惊哀痛，诸葛亮更是深为自己当初没有力阻刘备出征而懊悔，虽然他知道自己就算说了，刘备也未必会听。

而且，自从刘备御驾亲征后，诸葛亮身为丞相，录尚书事；张飞死后，诸葛亮又领司隶校尉。身兼数职，整个军政大事的重担都压在诸葛亮的肩上，令他无暇东顾。刘备也未将军事部署及时通报给他，所以，诸葛亮也没有为刘备伐吴这件事出谋划策。因为自从占据益州攻取汉中后，刘备对法正言听计从。诸葛亮虽然与法正个性、志趣不同，但对法正的长处和主张却能公正相取。而且，诸葛亮也常常对法正的智慧和谋略感到惊奇。

可惜的是，刘备在讨伐东吴时法正已经病死，也就未能为刘备提供建议和帮助。所以，当得到刘备惨败的消息后，诸葛亮不禁叹息说：

“孝直（法正的字）若在，必能制止主公东行；即使东行，也必定不至于全军覆没啊！”

刘备兵败后，自觉无颜回蜀，加之心力交瘁，不久便在白帝城一病不起。病危之际，他急忙派人到成都去请诸葛亮，准备向诸葛亮托付后事。

诸葛亮见刘备不回成都，心里十分着急，但蜀中军务繁多，一时脱不开身；而且大军新败，人心不稳，作为丞相，他的首要任务是将国内治理好，以防突变。经过半年多的时间，见政局基本稳定，诸葛亮才带着皇子鲁王刘永、梁王刘理前往白帝城，代表朝廷上下探望刘备，同时让颇具胆识的益州治中从事杨洪辅佐太子刘禅留守成都。

章武三年（223）2月，诸葛亮赶到白帝城。此时，63岁的刘备已经病入膏肓，只是一直都在硬撑着身体，等待丞相诸葛亮的到来。

诸葛亮刚一到，刘备就马上约见了诸葛亮，然后诚恳地说：

“丞相的才能，比魏文帝曹丕强十倍，一定能够安定国家，最终成就咱们的大事。”

喘了口气，刘备接着说道：

“我死后，若刘禅可以辅佐，就辅佐他；如果他实在没有才能，您就取而代之。”

诸葛亮听罢，悲痛欲绝，见刘备对自己如此信任，急忙侧身跪在刘备身旁，泪流满面地答道：

“臣将竭尽辅佐之力，贡献忠贞之节，直到身死。”

然后，刘备命内侍宣读敕后主遗诏，令刘禅事诸葛亮如父，然后又将鲁王刘理和梁王刘永唤到自己身边，说道：

“我死以后，你们兄弟要将丞相当父亲一样看待，侍奉丞相也应如父亲一样。”

二人听后，忙向丞相叩头行礼。

4月24日，刘备去世，时年63岁。随后，刘禅即皇帝位于成都，改章武三年为建兴元年，诸葛亮则以丞相兼益州牧身份，全面负责治理蜀汉。

从此，43岁的诸葛亮担负起辅佐刘禅的重任，朝廷事无巨细，全部由诸葛亮全权负责，诸葛亮也实际上成为蜀汉的最高执政者。

（三）

自从刘备兵败夷陵之后，蜀国内部的局势便开始动荡不安，幸好诸葛亮镇守成都，才未发生大的动乱。然而当诸葛亮奉诏前往白帝城后，动乱便开始了。

章武三年（223）3月，一向为诸葛亮所不满的汉嘉郡（分蜀郡所置）太守黄元，一则考虑刘备病危，担心刘备死后诸葛亮会对自己不利；二则考虑诸葛亮东行，成都空虚，于是举郡反叛，火烧临邛城。

在这危急关头，益州治中从事杨洪启奏太子刘禅，遣其亲兵，派将军郑卓率领，讨伐黄元。杨洪估计黄元兵败后必将顺流东下，前往白帝城去向刘备请罪。如果那时刘备已死，他定会投奔东吴。

于是，杨洪就命郑卓在南安峡口拦截。郑卓按杨洪的部署，果然活捉黄元，押回成都斩首示众。

黄元之乱虽然平息，但同时，南中地区又发生了更大的叛乱。一时之间，蜀汉国内形势十分危急。

为腾出时间迅速处理因夷陵兵败和刘备去世而引发的一系列问题，诸葛亮上表新主刘禅，请他马上公布刘备遗诏，并按礼法有节制地办理刘备的丧事。在诸葛亮的安排之下，以李严为中都护，留镇白帝城，自己则护送刘备灵柩于5月返回成都，并于8月将刘备葬于惠陵。

诸葛亮秉政之后，因后主刘禅暗弱年幼，国家大事集于一身。诸葛亮也深感责任重大，为广开言路，听取大家的不同意见，遂于建兴元年（223）接连下发了《教与军师长史参军掾属》（也称《与群下教》）和《又教与军师长史参军掾属》（又称《又与群下教》），鼓励部属对自己的缺点和错误提出批评。

诸葛亮在《教与军师长史参军掾属》中说：

所行之事，之所以让大家参与讨论，是为了集思广益。如果为了避免小嫌疑而不肯提出不同意见，就会对国家造成损失。通过对不同意见的反复讨论，最后得出正确结论，就如同丢弃破鞋而获得珠玉一样。

然而，人们总是顾虑重重，不肯把心里话说出来，只有徐元直能够直言不讳；另外，董幼宰参与处理政事7年，我办事每每有不同之处，他都能反复多次提出不同意见。如果大家都能学到徐元直的十分之一，能像董幼宰那样勤勤恳恳，忠于国家，那我就可以少犯过失了。

在《又教与军师长史参军掾属》中，诸葛亮又说：

我任重才轻，因此多有阙漏。过去与崔州平交往时，他经常指点我的过失；与徐元直交往时，多受其启发教诲；与董幼宰共事时，他每次都把话讲尽；与胡伟度共事时，他经常有规劝阻止。我虽然天性愚钝，不能完全采纳，但与此四人的关系始终很融洽，这足以说明我对直言者绝不会疑忌。

在诸葛亮的鼓励下，部属们逐渐开始对他直言劝谏。当然，由于蜀汉当时的具体国情，加之诸葛亮小心谨慎的一贯作风，使他不可能完全改变事必躬亲的工作方法。但是，他广开言路，鼓励部属积极提意见和建议，不搞打击报复，这种做法却是十分难能可贵的。

第十一章　治理蜀中

圣人之治理也，安其居，乐其业。

——（三国）诸葛亮

（一）

建安二十四年（219），孙权杀掉关羽，夺取荆州，彻底破坏了孙刘联盟。此后，刘备为给关羽报仇伐吴而遭惨败，不仅令孙刘两家的仇恨更加深切，也使蜀国元气大伤。

刘备死后，魏文帝曹丕趁蜀汉元气大伤、内部局势不稳的困难之机，授意一些依附于曹魏的东汉遗老，如司徒华歆、司空王朗、尚书令陈群等，分别给诸葛亮写信，要他听“天命”、知“人事”，屈从于曹魏，“举国称藩”。

诸葛亮收到信后，深感事情重大，不能置之不理，必须予以严厉驳斥。但他又不屑给他们分别回信，于是便写成了《正议》一文，公诸天下，对那些信给予驳斥。文中写道：

从前，项羽起事并非由于自己有道德，虽然占据中原华夏，握有帝王权势，但最终还是身败名裂，为后人留下永久的鉴戒。如今，曹魏不认真吸取历史教训，又步项羽后尘，重蹈项羽的覆辙。有那么几个人，年龄也不小了，竟然接受曹丕的指使，写信劝我投降，这就如同陈崇、张竦称颂王莽的功德，帮助王莽篡汉一样。

昔日世祖（光武帝刘秀）在前汉基础上创立后汉，只率领少量士兵，便在昆阳郊外挫败了王莽的40余万劲旅。可见，用正义讨伐不义，并不在于士兵的多少。到了曹操，凭借其诡诈的手段取胜而窃取的全力，统率数十万大军，前往汉中阳平关救援张郃，结果被我军打败，曹操悔恨不已，仅能自己脱身，丧其精锐之众，遂失去汉中之地。此时，他才深知皇权地位是不能随意篡夺的。不久，他就得病郁郁而死。

现在，他的儿子曹丕又篡夺帝位。纵然曹丕派你们在信中施展苏秦、张仪那样的诡辩之说，到头都是徒劳无用。昔日皇帝轩辕氏整卒数万，制服四方，平定海内，况且我们以数十万之众，以道义临制罪逆，曹魏岂可冒犯阻挡呢？

《正议》是一篇出色的政论文，义正词严，引古论今，有理有据，表达了诸葛亮忠于汉室、统一全国的坚定决心和必胜的信心，也反映了他那大义凛然、威武不屈的英雄气概。

但是，诸葛亮也清醒地看到，当时要抵抗魏国的压力，并为以后的北伐做好准备，仅靠蜀汉一国的力量是远远不够的，因此也必须立即恢复遭到破坏的孙刘联盟。更何况，孙刘联盟也是自己当年“隆中对策”中既定的外交政策。

不过，这时的诸葛亮不再像赤壁之战之前那样，亲自去说服孙权了。他反复思考：该选派谁去完成这一重要的使命呢？

恰在这时，邓芝向诸葛亮建议说：

“现在主上（指刘禅）幼弱，初即帝位，应派遣使者前往东吴，重申盟好。”

诸葛亮一听，非常高兴。邓芝是东汉司徒邓禹之后，刘备在世时，他曾担任县令、郡守，“所在清严有治绩”，人为尚书，很有政治见解。现在，他又很清楚与孙吴结好的重要意义，因此诸葛亮认为，邓芝是出使东吴最合适的人选。

于是，建兴元年（223）9月，诸葛亮派邓芝出使东吴，与孙权修好。

（二）

在此之前，因已夺得荆州，并取得夷陵之战的胜利，加上曹丕不断向东吴施压，要孙权送子入朝为人质，所以孙权也有重新与蜀汉结盟的意向，并曾于蜀汉章武二年（222）12月派人到白帝城与刘备见面，表示愿与蜀国改善关系。但当时刘备兵败夷陵，对东吴的怒气正盛，不久又病逝，孙权就又开始犹豫了。

邓芝到达东吴后，孙权没有立即接见他。于是，邓芝就在驿馆里给孙权写了一封信，表明自己的来意。他说：

“我这次出使，并不仅仅是为了蜀汉，也是为了东吴。”

孙权看到信后，不好再推辞，便接见了邓芝。邓芝为了能让孙权与曹操断交，与蜀汉重新联合，做了大量的工作，同时也指明了两国修复旧好的重要性，孙权最终答应与蜀汉重修旧好，共同抗曹。

邓芝回来后，吴蜀信使往来不断，孙刘联盟也重新恢复。尤其是孙权一方，更是将与蜀汉联系的大权交给镇守荆州的陆逊。为了便于与蜀汉联系，孙权还将自己的大印放在陆逊那里。他每次写给刘禅和诸葛亮的信件，也都先送给陆逊过目，轻重可否，任其改定，然后盖印发出。

陆逊镇守的荆州，隔三峡与蜀汉为邻，因此在很长一段时间内，陆逊实际上是起着联系孙权与诸葛亮的中介作用。

当然，孙刘两家的第二次联盟与第一次联盟有很大不同。第一次联盟是与刘备一方“跨有荆益”的战略利益同时并存的；而第二次联盟时，诸葛亮已经清醒地认识到，自己原先设想的“跨有荆益”的战略与孙刘联盟不可能长期并存。

所以，第二次孙刘联盟也让诸葛亮付出了沉重的代价，那就是承认孙权占有荆州的合理性，自己不再提“跨有荆益”的战略。

尽管如此，孙刘再次联盟还是具有一定积极意义的，它使蜀汉的长江三峡边境从此保持了较长时间的安定局面，也让诸葛亮再无东顾之忧，从而可以腾出手来专心解决其他问题。

恢复了与东吴的联盟后，诸葛亮本来想马上发兵南中，讨平叛乱，但丞相长史王连极力劝阻，认为南中是一块不毛之地，瘴疫之乡，诸葛亮不宜以一国之重，冒险讨伐。诸葛亮深以为然，便暂缓进行。

不过，更重要的原因在于：诸葛亮经考虑后，认为国家新遭大丧，元气大伤，的确不宜马上用兵。因此，只能暂时对南中一带的叛乱采取安抚策略。

在这种情况下，建兴二年（224），除了务农殖谷、闭关息民外，诸葛亮更将主要精力用于推行法治。尤其是在用人方面，更是坚持奖善惩恶，大力整顿吏治。

（三）

一直以来，诸葛亮对德才兼备者都坚决予以提拔重用。例如，广汉绵竹人秦宓，字少敕，颇有才学。刘备定益州后，他被任为从事祭酒。但在章武元年（221），秦宓因极力劝阻刘备为关羽报仇伐吴，被刘备下狱幽禁。

建兴二年（224），诸葛亮因秦宓之才，且特别擅长外交辞令，将他释放出来，并令其担任益州别驾，不久又拜左中郎将、长水校尉。

当时，正赶上孙权派张温与殷礼报聘于蜀。在离开蜀国之际，百官皆往饯行，唯有秦宓不在。诸葛亮知道张温是东吴有名的舌辩之士，在饯别宴会上肯定会向蜀国人士发难，于是多次派人促请秦宓。

秦宓到来后，张温果然问他道：

“您是个有学问的人吗？”

秦宓回答说：

“蜀国五尺孩童都有学问，何必小看人呢？”

张温又问：

“天有头吗？”

秦宓答曰：

“有头。”

“在何方？”

“在西方。《诗经》上说：‘乃眷西顾。’以此推之，头在西方。”

张温再问：

“天有耳吗？”

秦宓答曰：

“天居高而听下，《诗经》云：‘鹤鸣九皋，声闻于天。’若天没有耳朵，怎么能听到呢？”

张温还不罢休，问道：

“天有足吗？”

秦宓答曰：

“有。《诗经》云：‘天步艰难，之子不犹。’若天没有足，怎么能行走呢？”

张温接着问道：

“天有姓吗？”

秦宓答曰：

“有。”

“姓什么？”

“姓刘。”

“你是怎么知道的？”

“天子（指刘禅）姓刘，就是这样知道的。”

张温最后问道：

“太阳不是从东方升起吗？”

秦宓回答说：

“虽然从东方升起（吴国在东），但从西方落下（蜀国在西）。”

秦宓答问如响，应声而出，令张温大为佩服，不但维护了孙刘联盟，也维护了蜀汉的尊严。

再如梓潼涪人杜微，字国辅，原是刘璋的部署。刘备定益州后，杜微以耳聋为由，闭门不出。建兴二年（224），诸葛亮请杜微担任主簿，杜微固辞，诸葛亮便派人用车把他接到相府。因杜微耳聋，无法交谈，诸葛亮就当面给他写信说：

“久闻先生德行，无缘当面请教。我天性鄙陋，统领益州，德薄任重，时常忧虑。主公今年才18岁，天资仁敏，爱德下士。天下之人思慕汉室，我欲与君应天顺民，辅此明主，共同复兴汉室，著功青史。”

在诸葛亮诚挚的劝说下，杜微终于出任主簿，后来又官至谏议大夫。

在奖励重用德才兼备者的同时，诸葛亮对违法乱纪者也毫不留情地予以惩处。

例如，武陵临沅人廖立，字公渊，刘备领荆州牧时，为从事，不久又擢为长沙太守。建安十六年（211）冬，刘备入蜀后，诸葛亮留镇荆州。孙权见刘备势力日渐增大，便向诸葛亮打听刘备身边的能人，诸葛亮提出了庞统和廖立。

然而，建安二十五年（215），孙权派吕蒙掩袭荆州的长沙、零陵、桂阳三郡时，身为长沙太守的廖立竟然弃城逃跑。

后来，宽宏大量的刘备并未深责廖立，又以他为巴郡太守，但他却将政事弄得乱七八糟。

刘备死后，刘禅即位，又迁廖立为长水校尉。长水校尉是职位仅次于将军的高级官职，但廖立恃才自傲，不懂知足，认为按名望而论，诸葛亮应排第一，自己应排第二，因此对自己身居中都护李严手下的长水校尉职务非常不满，甚至公开向诸葛亮提出，应该表奏自己为卿。

不仅如此，廖立还对刘备、关羽等进行诽谤，对长史王连、向朗，治中文恭等进行攻击，认为他们都是凡俗之人。

对于廖立这种居高自傲、恶迹不可胜数的人，诸葛亮认为必须严惩。建兴二年（224），诸葛亮上表刘禅，废廖立为民，并将其流放到荒凉不毛的汶山郡，并终生未让其返蜀。

第十二章 七擒孟获

刑罚知其所加，则邪恶知其所畏。

——（三国）诸葛亮

（一）

经过近两年的务农殖谷、闭关息民，以及奖善惩恶、整顿吏治之后，蜀汉的经济得到了一定的发展，朝廷形势也基本稳定。在恢复元气之后，诸葛亮决定亲自率军讨平南中之乱。

所谓南中，是指蜀汉所辖的今四川省南部及云南、贵州两省，因其地在蜀汉腹地之南，故称为南中。具体来说，就是当时益州所辖的益州郡（今云南晋宁以东）、永昌郡（今云南保山东北）、越嶲郡（今四川西昌东南）及牂牁郡（今贵州黄平）等四个少数民族聚居的边远地区。

早在章武三年（223）以前，益州郡渠帅雍闿便杀掉太守正昂，暗通孙权，刘备派张裔继任益州郡太守。然而张裔刚到郡上，就被雍闿绑起来献给孙权了。

刘备死后，雍闿更加骄纵，甚至不久后就公开投靠了孙权，孙权遥署雍闿为永昌郡太守。然而雍闿在赴任时，永昌郡功曹吕凯与府丞王伉激励吏民，不许雍闿进入永昌郡，乃使益州郡少数民族首领孟获诱煽诸夷，起兵叛乱。一时之间，牂牁郡太守朱褒、越嶲郡夷王高定，皆叛应雍闿。

建兴三年（225）3月，诸葛亮亲率大军开始讨伐南中叛乱。这一次，丞相长史王连又极力劝阻谏葛亮。虽然诸葛亮深为感动，但此次南征事关国家前途，如果不能平定南中之乱，就可能会动摇国家的根本。如果只是强行镇压，委派其他将领也行，但若从攻心的战略出发，期望南中人民对蜀汉统治真正心服，完成统一大业，非诸葛亮亲自前往不可。

临出发前，诸葛亮作《南征教》，作为南征的战略指导方针，颁赐三军，训令全军摈弃单纯以武力取胜的思想，而以军事胜利和政治攻心并重的策略。

根据诸葛亮的安排，讨伐南中的大军分为三路：诸葛亮进攻越嶲郡，李恢进攻益州郡，马忠进攻牂牁郡。

诸葛亮率领主力军进入越嶲郡后，顺利攻克了郡治邛都县（今四川西昌），捣毁了夷王高定的窟穴，并俘获了高定的妻子。在这种情况下，诸葛亮估计高定定会自首求生，没想到顽固不化的高定并未俯首投降，而是向南逃至卑水县（今四川会理东北），然后杀人为盟，纠合其类2000余人，欲求死战。

恰在此时，前来支援高定的雍闿被高定的部下杀死，诸葛亮乘敌方内部出现分裂之机，一举击杀高定，平定了越嶲郡。

马忠的那一路人马在进攻牂牁郡后，也很快诛杀了朱褒，击破诸县。但李恢在进攻益州郡时，益州郡诸县大相纠合，将李恢的部队困于昆明。当时，李恢的人马比敌军少了一倍，又与诸葛亮失去联系，情况十分危急。在这种情况下，李恢假装粮尽将退，愿与地方修好。

结果南人相信了李恢，困攻也懈怠下来。李恢趁机出击，大破敌军，追亡逐北，南至盘江，东接牂牁，与诸葛亮声势相连。

（二）

就在诸葛亮的三路大军各自获胜之际，孟获收集雍闿的余众，又在益州郡集结起来，继续与蜀军对抗。诸葛亮遂会集三路大军，开始耐心与孟获作战。

孟获是益州郡少数民族的首领，在当地很有威望，为夷汉各族人民所钦服。为达到收服孟获的目的，诸葛亮下令军中，对孟获不准伤害，只能生擒。

不久，孟获便在南盘江上游（今云南曲靖一带）被汉军擒拿。诸葛亮不但没有杀掉孟获，反而还带着孟获观看了汉军的营垒设施、装备和士卒的操练情况，然后问道：

"将军看这支军队怎么样？"

孟获虽然战败，但却毫不气馁，回答说：

"之前不知道贵军的虚实，因此战败。现在既然让我看到了贵军的部署，倘若我能统军再战，定然能打败贵军！"

诸葛亮见孟获并不服气，也不与其争辩，而是笑着放他回去了。

不久，双方再战，孟获再次被擒，诸葛亮再次放走他。如此反复数次，孟获终于心服口服，不愿再叛，说道：

"丞相真是神威，南人决不再反叛了。"

从此，孟获归顺蜀汉，南中四郡也大体平安了。

建兴三年（225）秋，诸葛亮与马忠、李恢所率领的大军会师于滇池（今云南晋宁），结束了南中的战事。

随后，诸葛亮便从和睦安抚各族的目的出发，提出“纲纪粗定，夷汉粗安”的施政方针，以加强对南中地区的统治。

诸葛亮不但尊重少数民族的风俗习惯，还保留了原来的部落组织和他们的首领，大量起用当地夷人及汉人中的上层人物为官吏，曰“皆即其渠率而用之”，而县及以下的官吏则由当地人担任。

针对这一任命，有些人不能理解，认为应该由朝廷选派官员来南中任职。为此，诸葛亮特写了《喻谏》一文作答，显示出他对南中有关情况的清醒认识，也显示出他从安抚出发对具体情况的灵活处理。《喻谏》中说：

如果留外地的官吏治理南中，就必须留兵保护他们，这样军粮就成了问题，此其一。如果留下外来的官吏而不留兵保护他们，则夷人便会乘机为新近战死的父兄报仇，这必然会酿成祸乱，此其二。夷人多次犯有废杀外地官吏的罪行，双方之间裂痕太大，如果留外地官吏，夷人终究不敢相信他们，此其三。以上三种情况均不好处理，因此最妥当的办法，就是用当地的夷人和汉人自己治理，这样就可以在不留兵、不运粮食的情况下，使南中地区纲纪初定，夷汉相安。

事实证明，诸葛亮的这种治理南中的策略和用人方针，对缓和长期紧张的民族关系有着显著的作用。

（三）

为了便于管理，诸葛亮还对南中地区的行政区划进行了调整：改益州郡为建宁郡，从建宁郡与永昌郡分地增设云南郡，从建宁郡与牂牁郡分地增设兴古郡。这样一来，原来南中的四郡经调整后就成为建宁、永昌、云南、牂牁、越嶲、兴谷六郡。而统辖南中的庲降都督及六郡太守，主要由当地人担任。

比如，李恢是建宁郡（即原益州郡）俞元县人，从政后就在建宁郡任督邮，他的姑父也是当地少数民族的大族，曾任建宁郡建伶县令。因此，李恢与当地的少数民族有着很深的渊源关系。基于此，诸葛亮就让李恢担任庲降都督，总理南中军政事务，并兼建宁太守。

吕凯是永昌郡不韦县人，从政后就在永昌郡任五官掾功曹。永昌郡位于今云南省西部，远离蜀汉国都成都，道路壅塞，不易联系，而其东面与雍闿所在的益州郡接邻，北面与夷王高定所在的越嶲郡接邻。多年来，这里不断受到叛军的威胁。

但是，吕凯每临困境都不畏威逼，不为利诱，坚决反对叛乱，多次有力地配合蜀汉的军事行动，立下大功。因此在平定南中后，诸葛亮特向刘禅上表，表彰吕凯及其府丞王伉，并以吕凯为云南郡太守，以王伉为永昌郡太守。

另外，在平定南中后，马忠也被任命为牂牁县太守。马忠祖籍虽为巴郡阆中县，并非牂牁郡人，但他在任职期间甚有威信，深受当地夷汉人民的爱戴。且马忠不仅为人忠厚，颇有度量，还善于诙谐调笑，即使愤怒也不形于色，处事时却能果断刚硬，恩威并立，故而少数民族都对他畏而爱之。后来马忠去世，少数民族人民纷纷吊唁，流涕尽哀，并为之立庙，四时祭祀，可见对其爱戴程度。

而各郡的属吏和大量的县级官吏基本都由当地人担任，这些官吏需要直接与老百姓接触，当地人便于体察民情。所以，由当地人担任这些基层官吏对稳定南中地区的局势起到了至关重要的作用。

除此之外，劝农务桑，发展生产，也是诸葛亮治理南中、和抚各族的一个重要内容。南中各地生产发展状况差异很大，很多地区仍然处于刀耕火种的落后状态。诸葛亮大力推行先进的耕作技术，推广牛耕；派人向当地人传授织锦技术，提高当地的生产技术；还在当地修复古道，以便当地人民与外地的商旅往来。这些都促进了南中与各民族之间的经济文化交流。

诸葛亮的南中和抚政策很快就取得了明显的效果，南中也成为蜀汉国家财政和军需物资的重要来源，并为诸葛亮北伐曹魏提供了精锐的兵卒。当地羌族中的一支服饰崇尚青色的青羌，以骁勇善战闻名。后来，诸葛亮将这支队伍编入蜀军，结果这支部队冲锋陷阵，所向披靡，号称“飞军”。

建兴三年（225）12月，诸葛亮班师回朝。从3月出兵讨伐南中，到12月返回成都，诸葛亮讨伐南中往返共历时整整10个月，最终以胜利告终。

第十三章　上表北伐

勿以身贵而贱人，勿以独见而违众，勿持功能而失信。

——（三国）诸葛亮

（一）

吴蜀两国关系修好后，孙权便同曹魏断绝了联系，结果又激怒了魏文帝曹丕，曹丕决定对孙权兴师问罪。

224年7月，曹丕准备御驾亲征，发兵讨伐东吴。在临行前，侍中辛毗谏阻道：

“如今天下初定，土地广阔，人口稀少。这时动用人力物力，我看没什么好处。先帝多次发动精锐部队出征，都是到长江就返回了。现在军队不如过去强盛，如果再像往常那样出兵，不容易成功。如今之计，不如遵循前人的做法，养民屯田，十年之后用之，定可一举获胜。”

曹丕不听，他反问道：

“那依照你的意思，不就是把吴虏留给后代子孙了吗？”

辛毗回答说：

“以前周文王将商纣留给周武王，就是因为他知道时机尚不成熟。”

曹丕仍然没有采纳辛毗的观点，亲自率军南征。9月，魏军由广陵到长江。孙权发现后，立即派兵沿江设防。当时正值江水盛涨，魏文帝见状，感叹道：

“魏国虽然有千队骑兵，到此也都派不上用场，江南不易图取啊！”

不久，曹丕率军北归。

次年（225）3月，曹丕又准备以“舟师”伐吴，宫正（即御史中丞）鲍勋谏阻道：

“王师屡次征伐而没有取胜的原因，就是因为吴蜀唇齿相依，凭借山水险阻，有着很难攻取的地理优势。往年征吴时，龙舟飘荡，很是危险，大臣们都吓破了胆。如今又要劳师远袭，耗费钱财，臣以为不可。”

曹丕大怒，不仅没有采纳鲍勋的建议，还将鲍勋降了职。

5月，曹丕率军到达谯县；8月进入淮河；10月到达广陵旧城，在江边进行了阅兵仪式，以显示军威。“兵有二余万，旌旗弥数百里”。曹丕本来“有渡江之志”，但在吴军的困守之下，又遇到天寒，河流结冰，战船不能进入长江，曹丕无计可施，只能望江兴叹：

“固天所以隔南北也！”

不久，曹丕再次率军退回北方。

与此同时，诸葛亮也在率军南征平叛。由于吴蜀两国的联盟关系，孙权不便公开支持向他表示臣服的雍闿叛乱势力。而在曹丕亲率大军南征东吴的情况下，孙权将他所署的益州刺史刘阐从交州、益州交界处召了回来。

南征胜利归来后，诸葛亮又派费祎以昭信校尉的身份出使东吴，向孙权致以友好之意。

费祎，字文伟，江夏人，年轻时游学入蜀。刘备立刘禅为太子后，费祎为太子舍人。刘禅称帝后，费祎为黄门侍郎。

费祎到达东吴后，孙权以醇酒招待他，想等他醉后“问以国事，据理回答”。然而费祎一直注意保持清醒，回答问题也丝毫没有出格的地方，并且还以醉酒表示辞退。

孙权见状，很器重费祎，便对费祎说：

“你是天下有美德的人，定当成为蜀汉的股肱之臣，恐怕你以后不会再来吴国了。”

于是，孙权就想把自己经常佩戴的宝刀赠送给他。费祎婉拒，并答谢道：

“臣以不才，何堪受此恩待？刀是用来讨伐叛逆、禁止暴乱的，但愿大王能勉建功业，同兴汉室。臣虽愚弱，绝不会辜负这次结好相待之意的。”

费祎不辱使命，回到蜀国后，诸葛亮提升他为侍中。不久，孙权又派使者前往成都，向诸葛亮表示慰劳，并赠予后主刘禅两头驯象，以示亲善之意。

经过诸葛亮的运筹帷幄和邓芝、费祎的努力，吴蜀两国的联盟关系得到了恢复和发展。而吴国对魏国的态度也彻底转变，由臣服转为敌对，并且不时对“北虏”发动攻击，曹魏也不时向东吴还以颜色。

（二）

建兴四年（226）5月，魏文帝曹丕病亡，其子曹叡即位，是为魏明帝。孙权得知消息后，于七八月间亲自率军进攻曹魏的江夏郡。魏国江夏太守文聘坚守城池。魏国朝中大臣提议发兵增援文聘，但明帝曹叡说：

“孙权善于水战，他所以敢下船到陆地上来进攻我们，定是企图趁我军不加防备时进行袭击。现在，文聘已经坚守住城池，与他相持，进攻与防守的形势差不多，孙权终究不敢长期围攻下去的。”

因此，曹魏未发兵救援文聘。不久，魏国派荀禹前往前线慰劳文聘。沿途中，荀禹征发了一些兵马，加上自己所带的步骑兵共计千余人，在山上燃起篝火。吴军见状，以为曹魏派救兵来援，遂收兵退回。

在魏主新丧、国内震动的情势下，诸葛亮认为，这正是蜀国北伐的最佳时机。自从建兴三年（225）年诸葛亮南征胜利班师回朝后，蜀国上下君臣一心，积极发展国力，为日后集中出师北伐曹魏进行着准备工作。

曹丕去世后，诸葛亮准备抓住时机，尽快北伐。建兴五年（227）初，在一切准备就绪后，诸葛亮便决定亲率大军进驻蜀汉的北方重镇汉中，从而伺机北进，讨伐曹魏。

临行前，考虑到21岁的后主刘禅年轻懦弱，尚不能明辨是非，诸葛亮将黄门侍郎董允提拔为侍中，并兼任虎贲中郎将，让其与郭攸之、费祎等人共同负责宫中的政事及宿卫。

同时，诸葛亮还向后主刘禅上了一道奏表，这就是流传千古的《出师表》。在奏表中，诸葛亮对刘禅说道：

先帝（刘备）创业未半而中途去世，今天下三分，蜀国最弱，这正是国家危急存亡之时。但在这种情况之下，侍卫之臣不懈于内，忠志之士不忘身于外者，是因为他们追念先帝的知遇之恩，想要报答于陛下。因此，陛下应广泛听取群臣的意见，以光大先帝的美德，弘扬志士的气概；不应妄自菲薄，说话不当，以堵塞忠谏的言路。

皇宫与相府本来就是一个整体，奖善惩恶，应该一视同仁。如果有作恶犯法及尽忠为善者，应交给主管部门判定刑赏，以昭示陛下的公平清明之政治；不应偏袒和怀有私心，使宫廷内外执法有所不同。

侍中、侍郎郭攸之、费祎、董允等，都是善良诚实、志虑忠纯之人，因此先帝提拔他们，以留给陛下。臣以为，宫中之事，无论大小，都要征询他们的意见，然后再实施，这样必然能够弥补缺点和疏漏，有所广益。

将军向宠，性情善良，品行公正，通晓军事，试用于昔日，先帝称赞他有才能，因此大家公议后推举向宠为中都督。臣以为，营中之事，都应该征询他的意见，这样必然能使行阵和睦，优劣得所。

亲近贤臣，疏远小人，这是前汉之所以兴隆的原因；亲近小人，疏远贤臣，这是后汉之所以倾颓的原因。先帝在世时，每每与臣论及此事，未尝不对桓帝、灵帝两位帝王的做法表示叹息和哀痛遗憾。现在，担任侍中、尚书、长史、参军的人，都是忠贞贤良、能够以死报国的臣子，愿陛下能够亲之信之，如此，则汉室之兴指日可待。

臣本为平民，躬耕南阳，苟全性命于乱世，不求闻达于诸侯。先帝不以臣的身份低微卑俗，自辱身份，枉驾屈尊，三次到草庐之中访臣，问臣以当世之事，令臣由此感激，遂答应为先帝奔走效劳。后来遭遇倾覆，臣在兵败之际接受重任，在危难关头奉命出使江东，从那时以来，已经有21年了。

先帝知道臣处事谨慎，因此临终将国家大事托付给臣。受命以来，日夜忧叹，深恐所托之事没有成效，以伤害先帝的英明，因此五月酷暑，率军渡过泸水，深入南中不毛之地。现在南方已经平定，兵力已经充足，应该奖率三军，北定中原，以尽到臣的驽钝之才，铲除奸凶之敌，兴复汉室，回到旧都。这也是臣用以报答先帝而忠于陛下的职责所在。至于斟酌利弊，尽忠进言，则是郭攸之、费祎、董允等人的责任了。

希望陛下能将讨伐曹贼、兴复汉室的重任托付给臣，并责以成效；若无成效，则治臣之罪，以告先帝之灵。若无振兴贤德的言论，则责备郭攸之、费祎、董允等人的怠慢，以彰显他们的过失。而陛下也应自我谋划，以向群臣询问好的治国之道，明察秋毫，并采纳正确的意见，深深追念先帝的遗诏。臣受大恩，不胜感激。当今远离，临表涕零，不知所言。

这篇奏表诚挚、深刻，情文并茂，感人至深。在这篇表中，诸葛亮追叙了自己所受刘备的知遇之恩与托孤重任，以及20多年来对刘备兴复汉室事业的耿耿忠心，表达了自己报效朝廷、出师北伐、平定天下、兴复汉室的雄心壮志，以及临行前依依惜别、不能自持的一片真情。同时，诸葛亮还劝勉叮咛后主刘禅要亲近贤臣，疏远小人，咨诹善道，察纳雅言，振作精神，奋发图强。

刘禅看到诸葛亮的这篇上表后，很快就批准了诸葛亮的出师请求。不久，诸葛亮又代刘禅草拟了伐魏诏书，并向天下发布，然后出师伐魏。

（三）

建兴五年（227）3月，诸葛亮率领大军离开成都，进驻汉中郡，在沔阳县（今陕西勉县东）阳平关的石马山扎营。但是，这还不是北伐的正式开始，而是继成都准备工作之后，进入汉中的进一步准备工作。

到达汉中后，尽管诸葛亮的身边有许多文官武将，但他还是感到人才的困乏，于是选调广汉郡太守姚伷为属官。姚伷到任后，又向诸葛亮推荐了一批具有不同个性及不同专长的文武之士，这让诸葛亮非常高兴，说道：

“对国家忠诚有益的事，莫大于推荐人才，但推荐者却各自致力于推荐其所崇尚之人。现在，姚伷同时推荐了有刚有柔的各种人才，以补充文官武将之用，他可以称得上是心胸开阔、作风纯正的人了。希望诸位能各自效法此事，以满足国家对人才的需求。”

在汉中，诸葛亮住了10个月，主要是进行北伐前的各项准备工作。除了招揽贤才、整治戎旅外，还屯耕殖谷、积蓄粮食，同时集中精力策反孟达。

孟达，字子敬，因避刘备的叔父刘敬之讳，改字子度。扶风人，原为益州牧刘璋的属吏。建安十六年（211）冬，孟达与法正一起奉刘璋之命率兵迎接刘备入蜀。不久，刘备令孟达并领法正之众，留驻荆州。

刘备平定蜀都后，以孟达为宜都郡（刘备分南郡所置，今湖北宜都西北，宜昌东南）太守。建安二十四年（219）5月，刘备占领汉中后，又命孟达由秭归县北攻房陵郡（今湖北房县）。

孟达在夺取房陵郡后，又准备西攻上庸郡（今湖北竹山西南）。刘备担心孟达难以胜任，便派养子刘封自汉中沿汉水东下，统领孟达的军队，与孟达一起围攻上庸郡。不久，上庸郡太守申耽与其弟申仪率众投降。

申耽投降后，刘备依然任其为上庸郡太守，并以申仪为西城郡（今陕西安康西北）太守。房陵、上庸、西城三郡，东北与曹魏控制的河南地区相邻，西边与刘备占领的汉中地区相邻，战略地位十分重要。为保证三郡的稳定，刘备又提升刘封为副军将军，命孟达协助刘封，共同管理三郡事务。

建安二十四年（219）冬，吕蒙偷袭荆州，关羽败逃。危难之时，关羽多次派人到上庸郡，命孟达与刘封发兵救援。但两人以山郡初附、未可轻动为由，拒不发兵。

关羽败亡后，刘备对孟达与刘封恨之入骨，这让孟达非常害怕。而更令孟达难以忍受的是，刘封经常以刘备之子的优越身份凌辱自己。

孟达既害怕刘备因关羽之死降罪自己，又不能忍受刘封的凌辱，便于建安二十五年（220）7月向刘备写了一封辞别表章，然后率领部下4000余人投降了曹丕。

（四）

孟达降魏后，不久便奉曹丕之命与夏侯尚、徐晃一起出兵赶走了刘封，并为魏国夺得了房陵、上庸和西城三郡。

曹丕闻讯后，非常高兴，特意给孟达写了一封信，对其降曹之举给予了高度赞誉。不久，孟达到谯县晋见曹丕，曹丕见孟达举止文雅，才辩过人，对其更加器重，并以孟达为散骑常侍、建武将军，封平阳侯，还将房陵、上庸和西城三郡合为新城郡，由孟达兼任新城郡太守，驻守上庸。

建兴三年（225）底，诸葛亮平定南中，在返回成都的途中了解到一些关于孟达的消息，并准备给孟达写一封劝降信。

当时有人劝诸葛亮说，孟达过去对刘璋不忠，后来又背叛蜀国，是个反复无常的小人，不值得给他写信。但诸葛亮认为，要讨伐曹魏，就应该先秘密策反孟达，令他在诸葛亮出兵北伐时援助呼应。

这的确是个具有战略意义的谋划。自从关羽败亡，荆州丢失之后，诸葛亮原先在“隆中对策”中提出的从荆州和益州两路出兵北伐的设想便化为泡影。如果现在能秘密策反孟达，那就等于重新实现了两路出兵的一个补救措施。虽然孟达统率的新城郡兵力远不及当年关羽率领的荆州兵力强大，但从地理位置上来说，新城郡却比荆州距中原的宛、洛地区更为近便。如果真能策反孟达，诸葛亮的主力从西线出兵北伐时，孟达就可以率偏师在东线予以配合。

基于这种考虑，诸葛亮曾在建兴四年（226）春给孟达写过一封信，用以联络感情，并进行试探，同时也在信中赞誉了孟达一番。

孟达在接到诸葛亮的秘密来信后，果然产生了归蜀的念头。不久，魏文帝曹丕去世，其子曹叡即位。当时的情况开始对孟达不利起来，因为曹叡并不像曹丕那样宠信孟达，而且孟达在魏国的好友桓阶、夏侯尚等人也相继去世，朝中没人再替他说话了。这样一来，孟达的心便开始不安起来，对自己当年投降曹魏的做法产生了悔意。

在这种情况下，收到诸葛亮的秘密来信后，孟达便开始暗中与诸葛亮进行联络。

建兴五年（227）3月，诸葛亮进驻汉中，孟达与诸葛亮的联系更加密切，而诸葛亮也开始着手策反孟达。

然而，就在诸葛亮与孟达频繁接触之时，魏明帝曹叡于这年6月派司马懿进驻宛县（今河南南阳），总督荆、豫二州的军事。

司马懿，字仲达，河内郡温县人，出身世族，初被辟为曹操丞相府文学掾，后转为丞相主簿。曹操封魏王后，司马懿任太子中庶子。曹丕称帝后，司马懿又累迁尚书右仆射、抚军大将军。后曹丕死，司马懿又与曹真、陈群等魏国大臣共同辅佐明帝曹叡。

司马懿是个猜忌多权变、善奇策异谋的人，是三国时期著名的军事家和谋略家。当年建议曹操派人劝说孙权偷袭荆州以解樊城之困，致使关羽败亡的人，就是司马懿。现在司马懿进驻宛县，对诸葛亮策反孟达的工作构成了极大的威胁。

(五)

司马懿进驻宛县后，诸葛亮也加紧了策反孟达的步伐。但孟达却始终举棋不定，犹豫不决。为促使孟达尽早归蜀，诸葛亮想到了一个办法。

原来，建安二十四年（219）刘封与孟达围攻上庸郡时，上庸郡太守申耽与其弟申仪同时投降蜀国，后刘备仍以申耽为上庸郡太守，以申仪为西城郡太守。第二年，孟达叛蜀降魏后，申耽与申仪也一同投降了曹魏。

但是，申仪一向与孟达不和，矛盾很深。而诸葛亮正是利用这一矛盾，采取了一条逼孟达尽快举事的计策：派蜀臣郭模诈降魏国，并让郭模有意将孟达暗通蜀汉之事泄露给申仪，目的是让申仪将这件事转告给魏明帝和司马懿，以引起他们对孟达的怀疑，从而逼孟达叛魏。

诸葛亮的这一计策果然有效。当孟达知道自己与诸葛亮暗中联系的事情败露后，立刻准备起兵。

而魏明帝和司马懿得知孟达即将反叛的密报后，开始还不信。司马懿一边派人到新城郡查看动静，一边以劝孟达入朝的方式加以试探，结果孟达心虚，不敢入朝，而派出去的人回来后又提供了确凿的证据，这下司马懿才断定孟达的确已经反了。此时已到了蜀汉建兴五年（227）12月。

司马懿为防止孟达马上叛变，为自己平叛准备时间，也采取了一条计策，就是给孟达写信，说破诸葛亮的计策，借此安慰孟达，稳定其心，争取时间。

司马懿的这一计策也很奏效，孟达见司马懿对自己仍然很信任，没有丝毫怀疑之意，又开始犹豫不决了。

魏国将领见孟达犹豫不决，劝司马懿暂时不要发兵讨伐孟达，先看看动静再定。但司马懿认为，孟达毫无信义可言，必须趁其犹豫不决之时发兵讨伐。于是，他暗中调兵，日夜兼程，仅仅用了8天的时间就赶到了上庸城下。

司马懿的到来让孟达大惊失色，措手不及，只得再给诸葛亮写信，请求诸葛亮为自己出谋划策。

蜀汉建兴六年（228）正月，司马懿开始全面攻城。上庸城三面环水，孟达在城外设立木栅自固。司马懿命士兵渡水破栅，直逼城下，八路强攻。经过16天的猛烈进攻，孟达的外甥邓贤、部将李辅等人开门投降。司马懿入城，亲手斩杀孟达，平息了叛乱。

据《晋书·宣帝纪》中记载，当司马懿攻城斩杀孟达时，蜀将姚静、郑他等人也率其众7000余人投降了魏军。姚静、郑他等人是否为援救孟达而来，不得而知，但他们最后降魏却是事实。因此，诸葛亮花了近两年的时间策反孟达，虽然主观动机是好的，但最终不但没有成功，反而还令蜀汉的兵力受到了一定的损失，这是诸葛亮始料未及的。

第十四章　痛斩马谡

将不可骄，骄则失礼，失礼则人离，人离则众叛。

——（三国）诸葛亮

（一）

建兴六年（228）正月，司马懿诛杀孟达之后，诸葛亮两路出兵的战略再次破灭，只能集中力量从汉中出兵，北伐曹魏。

诸葛亮将所率兵力分为两路：一路由赵云、邓芝率领，作为疑兵，占据箕谷（今陕西褒城县北），扬言要由斜谷道进攻郿县（今陕西眉县北）；另一路是主力部队，由诸葛亮亲自率领，进攻祁山（今甘肃西河县西北），在取得陇右（泛指陇山以西的地区）之后，再锐进图取关中，攻取长安。这是一个典型的声东击西的军事部署。

曹叡一听诸葛亮来势汹汹，忙令大将军曹真率领关右（泛指函谷关以西地区）守卫郿县，以保护长安；又调右将军张郃率领5万人马星夜西援，自己也亲往长安坐镇，以激励士气，全力对付蜀军。

为抵御魏国右将军张郃的援军，蜀军需要一位深谙兵略的军事人才为先锋。这一先锋关乎着全局的成败，非同小可。诸葛亮征询群下的意见，大家一致认为具有战斗经验的宿将魏延和吴壹能担此重任。因为当时的蜀国大将中，关羽、张飞、马超、黄忠早已去世，赵云又要进驻箕谷，除此之外，就只有魏延和吴壹算是知名将领了。

然而诸葛亮却力排众议，选择了马谡为先锋。马谡，字幼常，襄阳宜城人，以荆州从事跟随刘备入蜀，历任绵竹县令、成都县令等。他才气过人，好论军计，因此深为诸葛亮所器重。

但是，刘备生前却对马谡颇有微词，认为他不过是纸上谈兵，没什么真才实学，临终前甚至还特别叮嘱诸葛亮，称马谡不可大用。

诸葛亮对刘备的叮嘱不以为然，在刘备死后又提拔马谡为参军。两人每次见面都要热情谈论，非常投机。尤其诸葛亮在讨伐南中时，马谡曾建议他采用“攻心为上”的政策，这更令诸葛亮对马谡刮目相看。因此，此次北伐，诸葛亮将先锋的重任交给了马谡。

诸葛亮的大军出发后，一路战事都进行得很顺利，不仅南安郡（今甘肃陇西东南渭水东岸）、天水郡（今甘肃甘谷东）、安定郡（今甘肃镇原南）同时叛魏降蜀，令关东震动，诸葛亮还收纳了天水郡的降将姜维。

之所以开始时如此胜利，一是因为诸葛亮戎阵整齐，奖罚严明；二是因为自建安二十四年（219）刘备与曹操因争夺汉中而兵戎相见之后的八九年来，魏蜀两国再没有交过兵，边境也比较安宁，因此魏国毫无准备。

诸葛亮在进入祁山附近的西县（今甘肃天水西南）后，见这里村落稠密，人口众多，土地肥沃，颇为富裕，心里十分高兴，便向刘禅上表详细地介绍了这里的情况。在西县扎营后，诸葛亮便命马谡督领诸军前进，并命裨将军王平为副将，协助马谡，与魏将张郃战于街亭（今甘肃庄浪东南）。

街亭地处一条宽三四里、长达数十里的川道上，是长安到天水唯一一条比较平坦宽阔的路径。马谡率军占据街亭，以逸待劳，形势相当有利。

然而，马谡一到街亭就违背了诸葛亮的部署，自作主张，舍水登山，将大营驻扎在山腰上。副将王平多次规劝，马谡不听，自以为是地认为占据高地可以居高临下，出奇制胜。

殊不知，张郃一到，看到马谡的部署后，立即下令魏军将蜀军围困起来，然后切断水源，放火烧山。蜀军将士没有水喝，焦渴难耐，自然大乱。张郃见状，立即带领魏军大举进攻，结果蜀军被打得溃不成军，士卒星散，要地街亭失守。所幸王平所率的千余人屯守山下，未受到影响。

王平见马谡军大败，忙命人鸣鼓佯攻。张郃担心有伏兵，不敢进逼。凭着多年的作战经验，王平沉着冷静地整顿起马谡的散兵，率军逃脱，从而将蜀汉兵员的损失降到了最低程度。

（二）

马谡在街亭兵败，令蜀军原本大好的北伐形势瞬间转变。同年4月，蜀军已经占领的南安、天水和安定三郡又被张郃所取。诸葛亮进无所据，只得带领西县的1000多户百姓撤回汉中。

与此同时，赵云、邓芝所率领的偏师同曹真接战，因力量相差悬殊，也于箕谷失利。但赵云在退兵时不慌不忙，沉着冷静。当时箕谷的赤岸设有府库，存有军备物资，为阻断曹真的追兵，保护这些赤岸府库，赵云便将赤岸以北百余里的栈道全部烧毁。

随后，赵云又亲自断后，秩序井然地退回汉中。因此，赵云与邓芝之军虽然失利，但损失并不多。

北伐失败返回汉中后，诸葛亮立即根据此次北伐中主要将领的不同表现进行赏罚。而在追究此次战役失败的责任时，马谡自然是罪不可赦的。作为主力军的先锋，马谡违背了诸葛亮的部署，又不听副将王平的劝阻，擅作主张，对军队进行错误的安排，致使蜀军在街亭惨败。

虽然诸葛亮与马谡私人的感情很好，但为了严明军纪，坚持法治，诸葛亮也不能以情废法，只能忍痛挥泪，将马谡下狱正法。

在临死前，马谡给诸葛亮写了一封情真意切的书信，信中说道：

“我与丞相二人犹如父子，而我却辜负了我们之间的情谊，希望丞相顾念旧情，照顾我的遗孤。如此，我便死而无憾了！”

诸葛亮虽然坚持法治，但也有着丰富的个人感情。因此在斩杀马谡时，诸葛亮亲自前往祭奠，日后对待马谡的子女也如同自己亲生的一样。

同时被处死的还有将军张休、李盛等人，长史向朗因对马谡的过失未能及时举报而被免官。统领箕谷疑军的主将赵云，虽然损失不多，退兵有序，但终究是打了败仗，因此也被诸葛亮由镇东将军贬为镇军将军。诸葛亮见赵云军中有多余的军资绢帛，便让其分赐给将士。但赵云说军队打了败仗，不该受赐，因此请将多余之物全部存入赤岸府库，等到冬天时赏赐给全军。赵云如此高贵的节操，令诸葛亮大为赞赏。

唯一得到的封赏的就是王平，诸葛亮命他统领青羌五部，进位讨寇将军，封亭侯。王平虽然读书不多，字也不识几个，但却有着丰富的实战经验。在街亭之战中，他能牢记诸葛亮的部署而屡谏马谡；当马谡惨败后，他又能以疑兵之计使敌军不敢逼近，不但使自己所率的千人未受损失，在退军途中还收合了马谡的散兵败将，保存了蜀国的兵力。

在对主要将领进行赏罚之后，诸葛亮便开始进行自我检讨，引咎责躬。诸葛亮刚从祁山返回汉中时，虽然北伐失败，但很多人认为此次北伐曾夺三郡，又收姜维，还拔西县千余家百姓而还，也算是大有所获，因此纷纷向诸葛亮表示祝贺。

对于众人的祝贺，诸葛亮不仅不以为喜，反而十分惭愧。自己以兴复汉室、统一天下为己任，而此次北伐却大败而归，致使北方百姓仍生活于曹操的统治之下，此乃自己之罪，根本不值得祝贺。

而且，他认为自己做事不够谨慎，用人失误，因而发生了街亭的战将违背军令的过失。作为主帅，自己理应承担相应的责任。因此，他向后主刘禅上疏，自请处分：

> 臣凭借微弱的才能，窃居着不该占据的高位，亲率军队掌握斧钺大权，总是严格训练三军，但因为不能宣扬军令，训明法度，临事小心谨慎，以至于有马谡在街亭违背命令、作战失败的过错，以及箕谷警戒不严的失误。所有的过错，都是我个人授人任官不当而造成的。臣的见识不能了解人才的好坏，考虑事情大多不够聪明，《春秋》经书记载：军队战败该督责的是主帅。因此，臣下的职位正当受此罪责，臣自请贬职三等，以此来督责我的罪过。

刘禅看到诸葛亮的奏疏后，批准了诸葛亮的自贬请求，将他贬官三级，由丞相降为右将军，但仍让诸葛亮代行丞相之事，实际权力与以前相同。

首次北伐的失败并没有让诸葛亮的意志消沉下去，相反，他的北伐决心更加坚定了。从首次北伐到第二次北伐，诸葛亮在汉中用了10个月的时间进行准备。

（三）

诸葛亮的第一次北伐失败后，蜀汉建兴六年（228），曹叡派军兵分三路讨伐东吴。其中，曹休率领主力步骑10万余人，在中路向皖城（今安徽潜山）进攻；司马懿在西路向江陵进发；贾逵在东路向东关（今安徽无为东北）进发。

8月，孙权亲自到皖城督军迎战，大都督陆逊率左右都朱桓、全综三路并进，在石亭（今安徽潜山以北）大败曹休军，“斩获万余，牛马骡驴车乘万辆，军资器械略尽”。曹休败走后，曹魏其他两路军的进攻也未获成功。

诸葛亮听说曹休军大败，魏军大量集结在东线，便决定于这年12月进行第二次北伐。

这一次的军事部署是：主力军“出散关，围陈仓”。散关也称大散关，位于今陕西省宝鸡市西南25千米的大散岭上，为秦岭之咽喉，扼住汉中至关中的要道。后来，宋代的陆游在汉中从军时，曾写过“三秦父老应惆怅，不见王师出散关”（《观长安城图》）的诗句。可见，从汉中到关中，散关是重要的隘口之一。陈仓，也就是今陕西省宝鸡市。

除主力军由散关进围陈仓之外，诸葛亮还选择了一条进围陈仓的小路，即陈仓东南方向的绥阳谷。绥阳谷因绥阳溪（今称马峪河）而得名，南与褒斜谷相连，也是由汉中至关中的一条要道。

关于这两条进军路线，诸葛亮曾在给其兄诸葛瑾的信中说明过。从信中内容来看，绥阳谷山峦凶险，水流纵横，不利于大军行进。以前诸葛亮派去侦察敌情的兵士，都是由这里进入关中的。

现在，为了能进围陈仓，诸葛亮便派遣兵士整修谷道，以便行军。信中说的“足以扳连贼势，使不得分兵东行”，是诸葛亮安慰诸葛瑾的话。当时，魏军大量东下，东吴形势日渐吃紧，诸葛瑾担心魏军会继续东下，使形势更加严峻。因此，诸葛瑾担心蜀军修建谷道后，魏军会借道进来。

针对诸葛瑾的这一担忧，诸葛亮说，蜀军在进围陈仓之后，可以牵制住魏军，使其不敢继续分兵东下。

按照诸葛亮的想法，因孙权和陆逊在石亭大破曹休，魏国为加强东部防线而大量调兵东下，关中兵力虚弱，因此这次北伐一定可以成功。但令诸葛亮没想到的是，此次围攻陈仓的计划曹真早就料到了。

当诸葛亮首次北伐失败，刚从祁山撤退之后，曹真便断定诸葛亮下次出兵时必然会围攻陈仓。因此，他早就派大将郝昭和王生守住陈仓，做好准备了。郝昭为曹军镇守陈仓的主将，字伯道，太原人，作战勇猛，多次立过战功，且对曹魏政权忠心耿耿。诸葛亮第二次北伐时，遇到的正是这位名将和提前修筑得固若金汤的陈仓城。

诸葛亮率大军越过散关，兵临陈仓城下后，并没有马上发起进攻，而是先派郝昭的同乡靳详去劝降郝昭。但郝昭丝毫不为所动。靳详多次相劝，都未能奏效，最后郝昭甚至威胁靳祥道：

“我是坚决不会投降的！你若再来，我认识你，但我的箭可不认识你了！”

说罢，立刻拉弓欲射靳祥。靳祥无奈，只好只身返回。

诸葛亮见劝降不成，自以为有兵数万，陈仓守兵仅千余人，不难攻下，且曹魏的救兵短日内也不会赶到，遂下令全力攻城。

然而，陈仓城内的曹军在郝昭的率领下，顽强反抗。蜀军架设云梯攀城，郝昭就命人用火箭射之，梯子尽燃，蜀军被烧死者无数。蜀军用冲车猛冲城墙，郝昭就命人以粗绳系住石磨盘砸之，毁其冲车。

诸葛亮见云梯和冲车均不能奏效，又命蜀军架起百尺高的井阑，准备站在上面向城中射箭；又镇平了护城河，打算在弓箭的配合之下大举攀城。然而，郝昭却命人在城内修建厚厚的墙壁阻挡利箭。

诸葛亮又命蜀军向城内挖地道，想通过地道进入城内。而郝昭则在城内挖横沟拦截，使蜀军根本进不了城。

双方这样相持了20多天，诸葛亮实在无计可施，陈仓城还被郝昭守得严严实实。

与此同时，曹真在得知诸葛亮进攻陈仓后，立即命将军韦耀等率兵救援。魏明帝在得到消息后，也急调张郃前往救援。

张郃在街亭之战中大败马谡后，本来驻守在关中，后因曹休兵败石亭，他便被调往东线的方城。因此接到命令后，张郃昼夜兼程，很快便来到陈仓。

此时诸葛亮因久攻陈仓不下，军中粮食物资已消耗殆尽；又听说曹魏援兵将至，无奈之下，只得退军而还。

在退军途中，魏将王双自恃勇猛，领兵追击诸葛亮。诸葛亮纵兵回击，大破魏军，并击杀王双。而这也算是诸葛亮第二次北伐中唯一的胜利了。

第十五章 吴蜀修好

欲思其利，必虑其害，欲思其成，必虑其败。

——（三国）诸葛亮

（一）

接连两次北伐失败后，诸葛亮返回汉中。随后，他几乎未曾休息，又于建兴七年（229）春进行了第三次北伐。

这次北伐出兵规模较小，诸葛亮采取了就近攻取武都（今甘肃成县）、阴平（今甘肃文县）二郡的战略，派遣将军陈式先行，自己则亲率大军断后，作为策应。

曹魏方面获悉后，命雍州刺史郭淮率众来救，不料诸葛亮中途突然急行至建威（今甘肃成县西）。郭淮担心自己的后路被切断，率军退走，诸葛亮遂占领了武都和阴平二郡。

武都和阴平毗邻益州西北部，从此收归蜀汉版图，对巩固蜀汉边防有着重要意义。诸葛亮很快就安顿好二郡事务，然后率军返回汉中。

这也是诸葛亮北伐以来获得的最大的一次胜利。捷报传至成都，后主刘禅十分高兴。对于诸葛亮因第一次北伐失败而自贬三级的做法，刘禅一直心下不忍，早就希望诸葛亮能官复原职了。这次北伐胜利后，后主终于可以名正言顺地下诏恢复诸葛亮的丞相之职了。

为加强汉中根据地的防务，诸葛亮于沔阳（今陕西勉县东）修筑汉城，并于城中修筑乐城。两座城池的位置都极其险要，可以有效防阻魏军的侵袭；同时，这两座城池的建立也有利于安置移民，进行屯垦，从而逐步解决北伐大军的粮食问题。

曹魏方面见诸葛亮北伐决心日盛，便改变了以往以防为主的战略措施。建兴八年（230）8月，魏国派大司马曹真、大将军司马懿和将军张郃领兵三路进攻汉中。

然而，这年秋天阴雨绵绵，下了一个多月都没有停的迹象。道路本来就崎岖难行，加上秋雨不断，栈道毁坏，魏军简直寸步难行。魏国大臣纷纷上疏，认为此次出师天时不利，不宜进行，应该知难而退。同年9月，曹叡下令班师，三路魏军狼狈撤回。

诸葛亮见魏军撤退，立即命丞相司马魏延率领一支军队向西进入羌族聚集地区互动，争取氐、羌等各少数民族的支持，攻打魏军。魏国后将军费濯和雍州刺史郭淮率军迎击魏延，与魏延军在南安郡的阳溪（今甘肃武山县西南）大战，结果魏延大获全胜。

诸葛亮接到捷报后，十分高兴，立即上表奏陈魏延功绩，魏延被提升为前军师、征西大将军，封南郑侯。

北伐这几年，蜀国常常因军粮供应不足而不得不无功而返。这件事让诸葛亮很烦恼。于是，诸葛亮利用近两年的时间完成了两项伟大的发明：将古代的车辆进行改进，使之成为适合于崎岖蜀道、有利于登高涉远的新型运输工具，称为“木牛”“流马”。它们无须吃草、喂粮，负重又远胜普通人，在诸葛亮以后的北伐事业中发挥了很大的作用。

第三次北伐虽然夺得了两郡，但也暴露出蜀军后勤工作中的一些问题。当蜀军进攻武都郡时，魏军用树木枝杈栽在路上作为障碍物，用以阻止蜀军。由于这种防御设备形似鹿角，因此军事上称其为“鹿角”。而蜀军在砍拔魏军设置的鹿角时，所用的刀斧质量很差，一天竟然毁坏上千把。

战役结束后，诸葛亮为了证实一把好的刀斧究竟能用多长时间，便命主管兵器制作的部门另外制作了数百把刀斧，结果用了百余日无一损坏。

由此诸葛亮断定，原来刀斧质量低劣，完全是因主管制作刀斧的人不负责任造成的。于是，诸葛亮将主管兵器制作的人收捕治罪，并专门就兵器的质量问题发布了一道教令，严令禁止制作兵器时偷工减料。如果以质量低劣的刀斧临敌作战，将会破坏整个军事计划。

从这两件事也可以看出，诸葛亮对包括后勤工作在内的军事工作的方方面面都考虑得非常仔细周到。

（二）

在诸葛亮北伐期间，吴蜀联盟的关系也一直在发展着，而且在讨伐曹魏过程中还有一定的配合。但是，这种关系的发展也并非一帆风顺，在诸葛亮第三次北伐结束后，吴蜀联盟便出现了危机。

建兴七年（229）4月，孙权在武昌正式称帝，国号仍为吴，立其子孙登为太子。不久，孙权便派人出使蜀汉，要求双方以平等的皇帝名义交往。

这件事令蜀汉群臣深受刺激，并感到极其不满。在蜀汉群臣看来，天无二日，国无二君，一个统一的大汉朝只能有一个皇帝。虽然称王的人很多，但仍然属于皇帝的藩臣，要由皇帝册封并接受皇帝的管辖。

曹操在世时，虽然权力无比，但也只能称魏王，在名义上还需要尊奉汉献帝。刘备在被群下推为汉中王时，尽管汉献帝已经没有任何权力，但刘备等人在名义上仍然要向汉献帝上表，请求认可。

后来，曹丕废掉汉献帝，自称魏帝，刘备认为这是忤逆的行为，不予承认。而刘备是皇室宗亲，他见曹丕废黜汉献帝而自称魏帝，自己也随后称帝，国号仍为汉，以示汉朝并未灭亡，已由自己继承下来。诸葛亮一直以“兴复汉室，还于旧都”相号召，就是为了消灭不合法的曹魏政权，令偏安一隅的蜀汉政权恢复昔日大汗帝国的神威，迁回旧都洛阳。

孙权以前一直称吴王，蜀汉是可以接受的。但现在他要改称吴帝，在名义上与汉帝刘禅平起平坐，二帝并尊，这就让蜀汉君臣难以接受了。他们认为，如果承认孙权称帝，就等于放弃了蜀汉的“正统”地位。而且，孙权称帝后，三帝鼎立之目的已经达到，孙权以后就不会再与蜀国同心协力对付曹魏了。因此，蜀汉群情激愤，纷纷主张与孙权断绝联盟关系，以“显明正义”。

孙权称帝的做法对诸葛亮的正统观念也是一次挑战，对他能否坚持联吴抗魏的外交方针、处理好吴蜀关系，也是一次考验。

但经过一番深思熟虑后，诸葛亮写了一份《绝盟好议》，针对大臣们的一些意见，首先分析了与孙权断绝联盟关系的不利之处：

> 孙权早就有称帝野心，我们之所以没有过分计较这件事，是想求得他的支援，以牵制曹魏。如果现在我们公开同他断绝联盟，必然会引起他对我们的仇恨。那样一来，我们就要移兵东伐，同他较量，等到吞并东吴后才能谈得上进军中原。孙权手下的贤才很多，将相文武也都能和睦相处，所以东吴不是一朝一夕

能够平定的。长期屯兵的东方，相持不下，势必会令北方的曹贼得计，这不是上策。

接着，诸葛亮又有理有据地说明在外交上应采取“应权通变”的谋略：

过去，孝文帝用谦卑的言辞为匈奴单于写信；以前，先帝（指刘备）为了与东吴结好，也曾与孙权达成妥协（指以湘水为界，平分荆州南部）。这些都是根据客观形势的变化所采取的相应措施，考虑的是长远的利益，不是匹夫逞一时之忿所能做到的。

现在，有人认为孙权安于鼎足的局面，不能与我们同心协力，而且他的志向已经满足，没有渡江攻打魏国的打算。这些说法，似是而非。为什么呢？因为孙权是心有余而力不足，因此依江自保。他不能越过长江，就如同曹贼不能渡过汉水，并非是力量有余而见利不取。

然后，诸葛亮又指出与孙权保持联盟关系的有利之处：

如果我们的大军北伐，孙权采用上策也会同时出兵去分割魏国的领土，然后再作进一步的打算；采用下策也会乘机掠夺魏国的人力，扩展地盘，向曹魏炫耀武力。总之，他是不会静坐不动的。即便他按兵不动，只要同我们和好，我们北伐时就没有东顾之忧，同时他还可以牵制黄河以南的敌军，使其不能全部调到西方来进攻我军，这对我们的好处也就很大了。

最后，诸葛亮下结论说：

“因此，孙权称帝的罪行不宜公开揭露。”

（三）

诸葛亮在向群臣进行解释后，为继续保持孙刘联盟，不但没有公开宣布孙权的罪行，反而还郑重其事地派陈震为使者，到吴国祝贺孙权称帝。

陈震临行前，诸葛亮还让他给自己的哥哥诸葛瑾带了一封信，信中介绍了陈震的情况。当时诸葛瑾担任东吴的大将军、左都护，领豫州牧，权力很大。诸葛亮写信的目的，就是请哥哥诸葛瑾帮助陈震顺利完成任务。

陈震进入吴国时，就在给关候的文书中写道：

“东（吴）西（蜀）使者往来不断，申盟初好，双方关系每天都有新的进展。东方的君主受天命而称帝，与西方的君主分割天下的土地，各有归属。当此之时，彼此同心讨伐曹贼，还有什么贼寇不能被消灭呢？西朝君臣非常高兴与东朝为援，以有所依赖。陈震没有才能，得以充当下国使节，奉命前来交好，进入贵国，受到贵国的热情接待，就像回到自己的家里一样。”

文书中表达了陈震此行的目的是“奉聘叙好”，承认并尊重孙权称帝，在两国之间要建立平等的关系，以诚相待。这一举动深受吴国君臣的欢迎。

建兴七年（229）6月，陈震到达吴都武昌，向孙权献上礼物，以示祝贺，孙权很高兴。经过一番协商，吴蜀两国达成协议，然后孙权与陈震“升坛歃盟”，约定将来灭魏之后，吴、蜀双方平分曹魏疆土，西部的并、凉、冀、兖四州归蜀国，东部的徐、豫、幽、青四州归东吴，司州则以函谷关为界，西部归属，东部归吴。

双方还在盟约中说：

> 古代建立伟大的功业，一定要先结盟立誓。蜀国和吴国虽然信义出于本心，但分割土地的大事应该立有盟约。诸葛丞相的德威远近闻名，拥戴本国皇帝，在外主持军事，诚信感动天地，重复结盟，扩大诚意，遵守誓言，使吴蜀两国人民都能知道两国结盟的大事。从今日吴蜀结盟以后，两国将齐心协力，一同讨伐魏贼，济危扶困，有难同当，有喜同庆，好恶相同，没有二心。如果有人危害蜀国，吴国就讨伐他；如果有人危害吴国，蜀国就讨伐他。各自守好自己的疆土，决不互相侵犯。盟约传到后代，做到始终如一。

这份纸盟约虽然只是一纸空文，但却表明了当时吴蜀两国维护联盟的立场，对于联盟关系的继续保持和发展起到了一定作用。而后来的事实也证明，这次结盟的确起了很大作用，不但使吴蜀两国在较长一段时间内没有发生大的摩擦，而且两国互相援助，分别从东西两线牵制曹魏，使曹魏在短期内无法实施各个击破的战略计划。当然，这对诸葛亮的北伐事业来说，更是一件大好事。

影视作品中的诸葛亮，手中总是持一把鹅毛扇。关于这把鹅毛扇，民间流传着这样一个故事：黄承彦的千金小姐黄月英不仅相貌不丑陋，还聪明美丽、才华出众。黄承彦怕有为青年有眼不识荆山玉，故称千金为“阿丑”。阿丑不仅笔下滔滔，而且武艺超群，曾就学于名师。艺成下山时，师傅赠给她一把鹅毛扇，上书“明”“亮”二字。二字中还密密麻麻地藏着攻城略地、治国安邦的计策。师傅嘱咐她说，姓名中有“明”“亮”二字者，即为她的如意郎君。后来，黄月英的夫婿就是名字中有“明”“亮”二字的未来蜀国丞相诸葛亮。结婚时，黄月英将这把鹅毛扇作为礼物赠给诸葛亮。诸葛亮非常喜爱这把鹅毛扇，此后便形影不离。他这样做，不仅表达了他们夫妻间真挚不渝的爱情，更主要的是熟练并运用扇上的谋略，所以不管春夏秋冬，总是手不离扇。

第十六章　拒受九锡

贵而不骄，胜而不悖，贤而能下，刚而能忍。

——（三国）诸葛亮

（一）

第三次北伐结束后，诸葛亮恢复了丞相职务，不久孙权又称帝。在这种情况下，奉命驻屯江州而主持大后方军事的重臣李严给诸葛亮写了一封信，建议诸葛亮接受九锡，进爵称王。

所谓“九锡”，即九赐，是古代皇帝赐给有特殊功勋或有巨大权势的诸侯或重臣的九种物品，包括车马、衣服、乐则、朱户、纳陛、虎贲、弓矢、斧钺、秬鬯。这九种物品不是一般人能享用的，必须是地位和权势仅次于皇帝的强藩诸侯或辅弼重臣才有资格享用。

皇帝给诸侯或重臣加九锡，原本目的地是以示尊礼，但后来多成为不得已而为之的违心之举。历史上的一些权臣在篡夺帝位之前，都会先受九锡，例如王莽以安汉公受九锡、曹操以魏公受九锡等。

诸葛亮虽然身为丞相，但爵位只是武乡侯，而接受九锡之人，其爵位非王爵即公爵，因此李严建议诸葛亮在接受九锡的同时，也建议他进爵称王。

对于李严的这个建议，诸葛亮颇为不满。李严（后改名李平），字正方，南阳（今河南南阳）人，与诸葛亮同为蜀汉重臣，而且还与诸葛亮同为刘备临终前的托孤之臣。

客观地说，李严也是蜀汉政权中难得的人才。建安二十三年（218），益州发生马秦、高胜为首的武装起义，合聚部伍数万人，打到了资中县（今四川资阳）。当时，刘备正在汉中，朝中兵力紧张，李严未向朝廷要求任何增兵，仅带领5000人便将叛乱平定。

这件事让刘备对李严大为赏识，因此在临终前，刘备才将少主刘禅托付给诸葛亮和李严，并让李严任中都护，统内外军事，留镇永安。诸葛亮对李严也很看重，认为他“部分如流，趋舍罔滞，正方性也”。

但是，李严“部分如流”的外表之下，却掩藏着一颗急剧膨胀的个人野心。刘禅即位后，诸葛亮辅佐刘禅，致力于蜀国的富国强兵，以完成先帝遗托，兴复汉室。而李严却在此时劝诸葛亮受九锡之礼，进爵封王，就像曹操对汉献帝那样。

李严这样做，如果仅以他个人利益理解，就是想借助诸葛亮来抬高自己，因为当时他是仅次于诸葛亮的人物。而如果向更坏处理解，那就是想给诸葛亮戴上一顶不忠的帽子，以扳倒诸葛亮，自己取而代之。

对于李严的心思，诸葛亮也能看出一二，因此他当即就给李严写了一封回信，称自己与李严相知已久，了解甚深，很多事情本无需相互解释，但现在李严竟然以光耀国家为由，劝自己接受九锡，进爵称王，对此，自己必须加以解释。

诸葛亮说，自己本为东方的一个普通人士，误蒙刘备重用，已经位极人臣，禄赐极多。现在，讨贼大业尚未完成，知己之恩尚未报答，李严劝自己仿效齐桓公和晋文公受周天子恩宠那样，请汉帝（刘禅）为自己加九锡而进爵封王，自贵自大，这是很不合适的。

诸葛亮还说，如果将来灭掉魏国，斩杀曹叡，使汉帝（刘禅）能够还归故都洛阳，那时自己将与诸位同僚一起升官进爵，即使十种赏赐也可接受，何况九锡呢！

后主刘禅生性愚钝，被称为“扶不起的阿斗”。在奸邪权臣看来，这一形势完全可以作为诸葛亮篡位夺权的有利条件和借口，但诸葛亮却不以为然。他既不像王莽和曹操那样，借助辅佐幼主之机培植私人势力，为篡位夺权做准备，也不像霍光那样威震人主，令幼主产生芒刺在背的感觉。

而且，诸葛亮生活十分简朴，家无余财，其妾竟然没有与身份相称的衣服。诸葛亮早年无子，过继其兄诸葛瑾的次子诸葛乔为子。建兴五年（227），诸葛亮在汉中准备首次北伐时，以他当时的丞相身份来说，其子完全可以留在成都，不必随父亲前往汉中前线。

但是，诸葛亮考虑到诸位将领的子弟都亲自运输军需粮草，自己的儿子也应与大家同甘共苦，于是命诸葛乔率兵五六百人，与诸将子弟一同在深山峡谷中参加运输工作。

由此可见，诸葛亮对汉室可谓忠心耿耿，其全部的心思都在如何辅佐少帝刘禅、兴复汉室之上，毫无徇私之心，更无篡位之想。

（二）

诸葛亮不但自己对蜀汉一片赤诚，面对性格懦弱、才学一般的后主刘禅也是悉心教诲。

在古代封建社会，历代王朝都十分重视宫城的修建，因为它是一个政权的象征，对老百姓也起着威慑作用。三国时期，蜀汉政权的宫城是规模最小的。即使这样，后主刘禅也没有对宫城进行过多的扩建。

他遵循诸葛亮的教诲，采取了一些比较务实的做法，不追求虚化的形式，比较节俭。这点，可以从谯周给后主刘禅所上的奏折中看出来。

谯周是三国时期著名的学者，《三国志》的作者陈寿就是他的学生。谯周在给后主刘禅的奏折中说，希望后主能够裁减音乐部门及后宫新建的项目，只奉行先帝所施行的政策，给子孙节俭做出好的榜样。

魏明帝曹叡就完全不同了。曹叡，字元仲，魏文帝曹丕的长子，生下来就深得祖父曹操喜爱。黄初七年（226），他继位为魏帝。魏青龙三年，也就是蜀汉建兴十三年（235），蜀汉丞相诸葛亮刚刚病逝一年时，曹魏政权也刚刚减轻了来自蜀汉方面的军事压力，曹叡便下令大规模修建洛阳的皇宫。

在曹叡的授命之下，洛阳新建起了昭阳殿、太极殿；又修建了总章观，高达十余丈，上面还建起了翔凤；又在芳林园中开凿了水池。总之，魏明帝曹叡极尽奢靡之能事。

修建如此浩大的工程，自然要大规模地征调百姓。据史书记载，被征调的百姓都耽误了农时。那年7月，洛阳皇宫的崇华殿发生火灾，有人说，这可能是老天爷对曹叡荒淫奢侈行为的一种警示。

但曹叡依然不以此为戒，当他从外面游玩回到洛阳皇宫后，立即下令有关部门修复崇华殿，并改名为九龙殿。

曹魏政权是三国中实力最强的，但也经不起曹叡这样折腾。大兴土木导致国库空虚，人民生活疾苦。日后曹魏政权被司马氏所取代，曹叡大兴土木虽说不是直接原因，但至少为此埋下了隐患。

与曹叡的行为相反，蜀汉后主刘禅在诸葛亮的悉心教诲下，在位的大部分时间里都能恪守为君之道，没有像曹叡那样大兴土木，修建皇宫，追求奢华的物质生活。

不过，作为皇帝，一国的最高统治者，刘禅的自我道德约束能力肯定没有诸葛亮那么强。有一次，他觉得自己后宫中的美女太少了，就想选择一些美女充实后宫。这时，被诸葛亮安排在宫中任职、性格正直诚信的董允马上站出来说：

“古时候天子的后妃之数不超过12个，现在您宫中后妃的人数已经达到这个标准，因此不应再增加美女扩充后宫了。”

在董允的坚持下，刘禅没有再增加后妃。而且刘禅在担任蜀汉皇帝的日子里，他的后妃人数一直都严格地限制为12名，是我国历史上后妃数量最少的帝王。虽然这得益于大臣们的直谏，但刘禅能够听取臣下的意见，控制自己的欲望，也是绝大多数君王做不到的。这也说明诸葛亮对刘禅的教育和约束是十分有效的。

第十七章　北伐多艰

大事起于难，小事起于易。

——（三国）诸葛亮

（一）

建兴七年（229）冬，诸葛亮将北伐大军的营地从原来沔阳县阳平关的石马山移到了南山下原上，并在沔阳县内建筑了汉城，在城固县内建筑了乐城，继续为以后的北伐做准备。

然而刚刚过了半年多的时间，即第二年7月，魏国大司马曹真便向魏明帝上表，称诸葛亮连续三次主动进攻魏国，魏国都是被动防守，现在，魏国应该主动出兵，讨伐蜀国，数道并进，定能大获全胜，并建议主力应从斜谷而入。

对于曹真的建议，司空陈群上表反对，因为伐蜀大军需要经过险峻的山路，这会给行军和运粮等工作带来很大困难。同时，陈群还列举了当年曹操讨伐张鲁，军粮不能为继而致失败的事实。

魏明帝曹叡经过认真考虑后，采纳了陈群的意见。但不久，曹真又上表建议从子午道而入，陈群再次上表反对。

于是，魏明帝下诏，将陈群的意见转给曹真，想听听曹真对讨伐蜀国持什么意见。但曹真锐意伐蜀，结果便以该诏为据率兵伐蜀。

魏明帝本来也想早日消灭蜀国，他见曹真锐意发兵，也就不再犹豫了，遂命司马懿与张郃两路大军互相配合，与曹真一起共伐蜀国。

此次进攻蜀国的魏军共分三路：第一路是曹真率领的主力军，由子午道南进；第二路由张郃率领，由斜谷南进；第三路由司马懿率领，由西城郡（今陕西安康）西进。三路大军准备在汉中会师。

诸葛亮一直都在密切注视着曹魏方面的军事行动，得知魏军兵分三路进攻汉中的消息后，除在兴建的汉、乐两城作一定的军事部署外，还将主力部署在赤坂（今陕西洋县以东20千米处），因为这里可以袭击曹魏三路进攻大军的任何一路。

同时，诸葛亮还调遣李严率领2万兵马，从江州（今重庆）进攻汉中，并上表让李严之子李丰为江州都督，接替其父的任务。

魏、汉双方都做好了大战的准备。尤其是魏国，率军的都是久经考验的大将，且每路人马数量均接近10万。但诸葛亮临危不惧，对汉军进行周密部署，专等痛击来犯的敌军。

可惜的是，当时正值8月，大雨连绵不断，一直下了1个多月，魏军根本没办法行军，仗也打不起来。魏国的三路人马都要经过高山深谷，但山间小道和架起来的栈道都被洪水冲垮，不能使用。人尚且不能行走，何况军粮辎重。粮草远途难续，出兵1个多月有余，只走完了峡谷的一半。

在这种情况下，魏国大臣华歆、少府杨阜、散骑常侍王肃等人纷纷上疏魏明帝，请求他下诏撤兵。此时，大军刚刚行在半途，十分狼狈。魏明帝见魏军行军如此艰难，伐蜀毫无进展，只得下诏收兵，曹真等三路大军只好在9月间奉诏而归。、

与此同时，诸葛亮派遣魏延西入羌中，大破魏国雍州刺史郭淮。蜀

国在魏国主动出兵、自己积极防御的情况下，依然小有战绩。

本来可能成为历史上的大战役，最后却因大雨而未能发生。而这件因大雨未能发生的战事，在《三国演义》中是如何演义的呢？

《三国演义》中写道，魏明帝曹叡命大将曹真和司马懿分别为大都督和副都督，刘晔为军师，率军40万来到陈仓，准备从陈仓南下，攻取汉中。此时诸葛亮尚在成都，便派将军张嶷和王平率兵1000人前去守住陈仓。

但是，张嶷和王平不敢以1000名兵员去对抗曹军的40万大军，于是诸葛亮笑着说：

“吾昨夜仰观天文，见毕星躔于太阴之分，此月内必有大雨淋漓，魏兵虽有四十万，安敢深入山险之地？因此不用多军，决不受害。吾将大军皆在汉中安居一月，待魏兵退，那时以大兵掩之，以逸待劳，吾十万之众可胜魏兵四十万也。”

张嶷、王平二人听罢，才高高兴兴地领兵而去。随后，诸葛亮又让他的10万后应部队准备防雨之物，等待出征。

后来，大雨果然连下了一个月，山水不绝。魏兵马无粮草，军器尽湿，兵士连睡觉的地方也没有，怨气很大，不久班师回国。

小说作者为神化诸葛亮，让其仰望天文，“见毕星躔于太阴之分”。现在看来，这其实是一句不知所云的话。毕星为二十八宿之一，即金牛星座的星星。太阴是指月亮，月亮在毕星附近，与地面上的气象根本没什么关系。当然，小说必定是需要有一些虚构成分的。

（二）

建兴九年（231）2月，诸葛亮在距离第三次北伐整整两年后，再次整顿兵力，进行第四次北伐。

这次北伐的行军路线与首次北伐相同，即围攻祁山；同时又招鲜卑轲比能等少数民族首领，至故北地石城，与蜀军遥相呼应。

这一次北伐，诸葛亮为解决长期困扰的运粮问题，特采取了两条措施：一是命重臣李平（即李严）留守汉中，专门负责督运军粮；二是利用自己研制出来的“木牛”和“流马”作为运载工具，即每人推一辆独轮车，用其装载一个人一年的口粮，每天走10千米，推车者也不会觉得太累。

这种运载工具现在看起来虽然极为平常简陋，但在当时却属于重大的技术发明成果了，对解决蜀军的山地运粮问题起到了十分重要的作用。

魏明帝得知诸葛亮又来围攻祁山后，马上调兵遣将。当时大司马曹真病重，不能领兵出征，魏明帝只好将大将军司马懿由宛县调回，命其都督雍州、凉州二州诸军事，统率车骑将军张郃、后将军费曜、征蜀护军戴陵、雍州刺史郭淮等，共同抵御诸葛亮。

司马懿见状，忙让费曜、戴陵留精兵4000名守卫上邽（今甘肃天水西南），郭淮守卫雍县（今陕西凤翔），自己与张郃率领大军西救祁山。

诸葛亮也不示弱，留王平率领勇士在祁山之南立屯扎营，继续围攻祁山，自己则亲率大军东进上邽。上邽守将费曜与前来增援的郭淮合兵拦截诸葛亮，结果被诸葛亮击败。

当时已是4月底，上邽一带的小麦成熟，诸葛亮便命令兵士抢割小麦，以资军粮。司马懿怕上邽有失，便带着张郃回师救援，在上邽以东与诸葛亮相遇。

考虑到路途及军粮等问题，诸葛亮急于交战，但司马懿却敛军据险，不与蜀军交兵。诸葛亮于是采取诱敌之策，从上邽以东率军退到卤城。司马懿与张郃也随后率军而至。

但是，司马懿到达卤城后，依然登山为营，不肯与诸葛亮交战。诸葛亮多次让士兵上前挑战，司马懿就是不出兵。

诸葛亮见司马懿始终坚守不战，便以每日撤退15千米的缓兵之计，诱使司马懿出战。果然，魏军中的张郃、贾栩、魏平等将领都忍无可忍，多次请求司马懿出兵迎战，并指责司马懿畏敌如虎，贻笑大方。

在诸位将领一致请战的情况下，司马懿只好在5月的一天将大军分兵两路，与蜀军展开决战。

司马懿首先派张郃进攻祁山以南的王平大营，自己则亲率大军进攻诸葛亮部。张郃领兵去攻打王平，而王平却坚守不动。张郃多次发动进攻，都不能攻克王平所在营地。

司马懿在进攻诸葛亮部时，诸葛亮派魏延、高翔、吴班领兵出营拒敌。魏延等大将率军出营，与司马懿所部展开激战，结果大破魏军。司马懿见不能打胜蜀军，只得率领败军还保大营。

司马懿回营点将，痛责诸将领的请战之咎，随后再次坚守不出。

当时，司马懿率军约30万，诸葛亮所率蜀军数量远远少于魏军。而此时，蜀军中的部分士兵又到了轮休时间。

原来，蜀国地狭人稀，军队在数量上远远不及魏军，因此只能以旺盛的战斗力来取胜。为保持军队的战斗力，诸葛亮采取了很多有效的措施，其中的一条就是对士兵实行分批定期的轮休制度，让士兵能够经常获得休息，以保持身体的健康和强壮。

但是，此刻正值两国交战的关键时刻，很需要部队的兵力和战斗力，因此有下属向诸葛建议，暂时让轮休的士兵停止休息，以壮大军势。诸葛亮反对这样做，他说：

“我多年来带兵打仗，以信义为本。从前，晋文公不愿为得到原国而失信于人，可见古人都是很珍惜信义的。现在，该轮休的士兵正在收拾行装，他们的妻子儿女也正在翘首以待，计算着他们的行期。虽然士兵减少会让部队面临作战困难，但必须讲究信义而不可随意废弃轮休制度。”

不仅如此，诸葛亮还亲自前往军营，督促该轮休的士兵立即启程返回家中休息。这让士兵们非常感动，纷纷表示愿意留下来作战。那些尚未到轮休时间的士兵也群情激奋，表示愿誓死与魏军作战，为蜀国献身。大家都说：

“诸葛公的大恩大德，就算我们都战死也无法报答。”

于是，一个个摩拳擦掌，准备与魏军决一死战。

（三）

就在诸葛亮准备乘胜消灭魏军主力之时，6月，在汉中专门负责督运粮草的李平忽然派参军马忠和督军成藩持信件来到前线，称刘禅命诸葛亮马上退兵。

这突如其来的消息令诸葛亮感到十分困惑，但君命难违，他也只好万分遗憾地率领大军撤退。司马懿见蜀军忽然撤兵，急命张郃率部追击。诸葛亮闻讯后，在青封木门道设下埋伏，最后射死张郃。

诸葛亮满心狐疑地返回汉中，结果发现，此次退兵根本不是刘禅的命令，而是李平假传圣旨造成的。

原来，诸葛亮出兵祁山时，命李平在汉中负责督运军粮。然而到了6月，天气突然降雨，多日不停，运粮工作难以为继，李平担心诸葛亮会责罚他，便派马忠和成藩假传圣旨，让诸葛亮撤回了大军。

而当诸葛亮率领蜀军撤回汉中后，李平又佯装惊讶地问道：

“军粮充足，军师为何突然撤兵？”

李平之所以这样说，一方面是推脱自己督运军粮不力的罪责，另一方面是想将撤兵的责任推给诸葛亮。

由于害怕刘禅追问退兵之事，李平又私下向刘禅上表说：

“军师率领大军假意撤退，其目的是引诱敌人，与之进行决战。”

然而，当诸葛亮出具了李平先后写给自己的书信后，彻底揭穿了李平欺上瞒下、玩弄两面派的阴谋诡计。在事实面前，李平只好低头认罪。

李平与诸葛亮都曾受刘备遗诏，一起辅佐后主刘禅，是蜀国的股肱之臣。而诸葛亮对李平的为人处事，也有一个逐渐认识的过程。他在给孟达的信中，曾极力称赞过李平，称他颇有才学，是蜀国不可多得的重臣。

建兴七年（229），孙权称帝后，诸葛亮曾派陈震前往吴国祝贺孙权。在临行前，陈震曾向诸葛亮反映过李平的问题，说李平如同鳞甲，又硬又滑，其乡人都认为此人不可亲近。诸葛亮当时认为，尽管李平不易亲近，但只要不去触犯就行了。

第三次北伐结束后，李平曾写信建议诸葛亮接受九锡，进爵称王，其本意自然是想为自己谋取更高的权力和地位。诸葛亮虽然也看出了他的用意，但并未直接批评他，只是回信委婉地对其进行规劝。

建兴八年（230），魏军兵分三路进攻汉中，诸葛亮命李平从江州率领两万兵士赶赴汉中救援，但李平极力拖延，强调路途遥远，困难重重，不愿前来救援。并且，他还提出要划分益州东部的五郡，另设巴州，由自己任巴州刺史。后经诸葛亮一再劝说，李平才勉强率兵赶往汉中。

第四次北伐前夕，诸葛亮命李平留在汉中，主管汉中军政事务，并负责督运军粮，但李平却乘机要挟诸葛亮，暗示自己应该像魏国的司马懿一样，享有开设府署、召辟署吏的特权。诸葛亮当时非常生气，也看出了李平的卑鄙私心，但为了北伐大业，他也只好暂时满足了李平的部分私欲，上表推荐李平之子李丰为江州都督。

为此，不少官员都埋怨诸葛亮对李平太过宽容，反而让李平愈加为所欲为。但诸葛亮认为，在大业未定、汉室倾危之际，与其揭发李平，不如表彰鼓励他，让他尽量为蜀国做一些贡献。

（四）

当北伐大军因受李平假传圣旨的欺骗而撤退后，李平自知奸计可能败落，遭受责罚，遂托病向西逃至沮县（今陕西略阳东）。后听说诸葛亮率领大军即将行至沮县，李平又继续向南逃至江阳（今四川泸县）。最后在参军马忠的劝阻之下，李平才不再继续潜逃，返回汉中。

之前李平犯错时，诸葛亮都一再宽容、忍让。而李平却一错再错，最后甚至冒天下之大不韪，假传圣旨，致使第四次北伐功败垂成，这让诸葛亮终于忍无可忍了。他接连两次上表弹劾李平，请求重罚。但是，要处理这个托孤重臣，又必须慎之又慎，不能有丝毫不当之处。

于是，诸葛亮会同刘琰、魏延等文武大臣20余人，向后主刘禅呈上集体签名的奏表，建议刘禅对李平严加惩处。诸葛亮在表中写道：

> 自先帝病逝后，李平一直追逐个人名利，为自己和家庭考虑甚多，为国家大事考虑甚少。臣要北伐曹魏，需要李平率其兵镇守汉中，他百般推诿，不想调动，还要划郡设州为刺史。
>
> 去年，臣兵出祁山，想令李平都督汉中，他又引喻要求条件。臣为了战务需要，推荐其子李丰为江都刺史，以迁就李平。
>
> 群臣怪臣对李平过于厚待，臣当时考虑，大事未定，汉室倾

危，批评其短，不如鼓励其长。谁知他竟然倾情于名利，颠倒是非到如此地步。此事咎在臣之失察，未能及时处理，但现在不能再拖延了。

后主刘禅也很尊重诸葛亮等人的建议，遂于8月将李平削职为民，并流放到梓潼郡（今四川梓潼）。

李平被流放后，诸葛亮不仅没有株连李平家人，还将其子李丰由原来的江州都督改任为中郎参军，调他前往成都丞相府任职，以辅助留府长史蒋琬。

为了让李丰正确对待其父李平的事，并鼓励他好好工作，诸葛亮特意给李丰写了一封长信，信中写道：

我与你们父子同心协力辅佐汉室，此不只世人所知，神明也闻。我曾上表举荐你的父亲主管汉中，任命你为江州都督，人们议论纷纷，认为我不应该这样做，但我都不加理会。我原以为，我的至诚之心定然能够感动你们父子，使我们始终都能保持团结一致，共兴汉室江山。令我没想到的是，中途发生乖离。

昔日楚国的令尹子文，屡次被罢黜，又屡次官复原职。可见，能改过自新，就有前途，这是自然的规律。希望你能宽慰你的父亲，让他能够经常反省自己从前的过错。

你的父亲现在虽然被解职，失去了原先的权势家业，但仍有奴婢宾客百余人；你又以中郎参军的身份在丞相府任职，比起一般的权势之家，还算得上是上等人家。如果你的父亲能够反省过错，一心为国；你也能与蒋琬推心置腹，协力办事，即便受过贬谪之人，也一样可以重新显达，失去的官职也可以重新得到。

希望你能够仔细考虑这一劝诫，明白我的良苦用心。我临写这封信时，反复长叹，只能涕泣而已。

李丰读完诸葛亮的信后，十分感动。从此以后，他按照诸葛亮的教诲发奋努力，后来官至朱提太守。而李平在梓潼郡也极力改正自己的错误，盼望着有一天诸葛亮能够赦免他的罪过，重新起用他。但三年之后诸葛亮就去世了，李平自知希望成空，不久也抑郁而死。

在今天看来，虽然诸葛亮在处理李平的问题上宽严相济，但他自己也是有责任的。尤其是陈震曾向他反映过李平其人如同鳞甲，又硬又滑，不可亲近，诸葛亮却未放在心上，结果最终导致北伐失败的严重后果。对此，诸葛亮事后也深感悔恨，在写给蒋琬和董允的信中，还让他们将自己的心情转告给陈震，以示自责。

尽管依法惩治了李平，但第四次北伐失败给蜀汉事业带来的不利，却是无法挽回的。

宋代高承编撰的《事物纪原》中记载：诸葛亮在南征班师时，正遇风起，不能渡河，孟获说这是猖神作怪，只要用人头和牲畜祭祀，便会风平浪静。但诸葛亮觉得用人头祭祀太残忍了，于是就用面粉搓成人头状，再混上牛、羊等肉，入笼屉蒸熟。这种祭品被称作“馒首”。诸葛亮将这种“馒首”拿到泸水边拜祭一番，然后将其丢入泸水。受祭后的泸水顿时云开雾散，风平浪静，大军顺利渡过。从此以后，人们经常用馒首作为供品进行各种祭祀。由于“首”“头”同义，后来就把“馒首”称作“馒头”了。

第十八章　教兵讲武

唯劝农业，无夺其时；唯薄赋敛，无尽民财。如此，富国安家，不亦宜乎？

——（三国）诸葛亮

（一）

第四次北伐无功而返后，诸葛亮没有马上再组织北伐，而是用了近三年的时间为下一次北伐做悉心的准备。

当时，蜀国的经济以农业为主，工商业为辅。在农业方面，蜀国的自有条件一直很好。地处四川盆地，河流纵横，水力资源丰富。尤其是秦昭王时，李冰负责修筑了都江堰，不但消除了岷江的水患，还获得了灌溉和航运的便利。从那以后，成都平原沃野千里，物产富饶。

在各种农作物中，以水稻的产量最高。据记载，当时的水稻亩产一般在30斛左右，高时可达50斛。刘璋在统治益州时，便在成都积存了大量的谷帛金银。刘备攻破成都后，置酒大飨士卒，只取金银分赐将士而还其谷帛，可见谷帛之多，并不稀罕。

刘备在世期间，经常率兵外出，留诸葛亮镇守成都。诸葛亮在成都大力兴农，以保证前线将士能够足粮足食。刘备去世后，诸葛亮又闭关息农，务农殖谷，令农业得到了进一步的发展。

到了北伐时期，诸葛亮对农业更加重视，每年都会采取各项措施发展农业，以保证每年的军粮能够供应充足。

在工商业方面，蜀国的盐铁业和织锦业也都很有名气。四川自古多盐井，而且井水中的含盐量颇高，如临邛县盐井，一斛水可得五斗盐。而以铁矿著称的古石山，其矿石不但含铁量高，铁的质量也很好。

刘备定益州后，诸葛亮便建议他设立盐铁专署，实行盐铁专卖。刘备接受了诸葛亮的建议，以王连为司盐校尉，主持盐政；又以张裔为司金中郎将，主持铁政，制作兵器。

蜀国的织锦业也十分著名，当时在成都就设有专管织锦的官署，因此成都又被称为锦官城、锦城。刘备进入益州后，赏赐部下时，所赏赐之物除了金银外，主要就是蜀锦。

由于蜀锦多而美丽，久负盛誉，吴国、魏国也都大量购进。诸葛亮正是看到了蜀锦的巨大经济效益，因而在北伐后期民贫国虚的情况下，除大力发展农业外，还特别重视织锦业的发展，将其作为富国强兵、保证北伐事业的主要财政来源。

为了适应商品交换的需要，蜀国又大量铸造钱币。据《钱录》记载，当时蜀国的钱币就有直百钱、直百五铢钱等多种种类。有人曾向诸葛亮和刘备建议铸直百钱以平抑物价，设立官市，结果数月之间，府库充实。

由于蜀国在农业和工商业等方面基础条件优越，加上诸葛亮治理积极得当，因此，整个蜀国的经济情况都是比较好的。尽管蜀国地狭人稀，但诸葛亮仍然能够连续多次北伐，讨伐魏国。

不过，国库充实不等于前线军粮充足。在北伐过程中，最困扰诸葛亮的也不是后方无粮食可运，而是粮食难以运送到前线。因为诸葛亮北伐全都是在深山峡谷之中作战的，军粮运送十分艰难。几次北伐都无功而返，与军粮不能及时运达有着很大的关系。

为彻底解决这一难题，诸葛亮采取了两项重要措施：

第一，在靠近前线的地方实行屯田，以减轻从后方转运军粮的压力。比如，诸葛亮就曾命赵云在箕谷的赤岸屯田；又以吕乂为汉中太守，兼领督农，其实也就是让他在汉中一带屯田。

第二，他研制出了“木牛”“流马”作为运载工具，可以在很大程度上减轻人力畜力运输的负担。

可以说，关于军粮运输的问题，诸葛亮考虑得十分周到，他甚至还算出了每年运粮所要耗费的车篷、竹筐等，共需10余万套，从而安排有关部门提前做好各项准备。

（二）

在积极解决军粮问题的同时，诸葛亮还依法治军，教兵讲武。现存的《诸葛亮集》中，就有《军令》《兵要》《兵法》等篇，所讲述的内容也都是关于依法治军、教兵讲武之事。

比如，在《兵法》的第一则中，就写到：

军队有七禁：一曰轻视军纪，二曰怠慢军令，三曰强盗恶习，四曰欺骗蒙蔽，五曰违背指挥，六曰行军混乱，七曰妨害营规。这些都是治兵时应该严格制止的。

期限已到，不来会合；听到鼓声，不肯前进；乘宽之机，擅自停留；回避不前，务求止息；初离队列尚近，后来越拉越远；呼唤姓名，不肯答应；盔甲不完备，兵器不齐全。这些都是轻视军纪，应该斩首。

接受命令，不肯传达，或者传达不清，官兵疑惑；金鼓虽响，置若罔闻，旌旗虽动，熟视无睹。这些都是怠慢军令，应该斩首。

不供军粮，不发兵器；赏赐不均，偏袒亲信；随便拿人物品，借人钱财不还；夺人所斩敌首，骗取军功名誉。这些就是强盗恶习，应该斩首。

姓名不真实，军服不整洁，金鼓不完备，兵刃不锋利，器柄不坚硬，箭尾不装羽，弓弩不上弦，主管官兵不守法令。这些都是欺骗蒙蔽行为，应该斩首。

听到鼓声，不肯前进；鸣金之后，不肯停止；旗帜下按不卧俯，旗帜上举不起立；不听指挥，避前留后，任意穿行，扰乱行列，致使兵弩威力受到影响；退却不斗，左躲右闪，借口抬死扶伤，乘机返回军营。这些都是违背指挥，应该斩首。

军队出行，士卒抢先；纷纷扰扰，步骑混杂；阻塞道路，后不得前；呼唤喧哗，声音难辨；不成行列，扰乱次序；兵刃碰伤士兵，将官不理不睬；上上下下，任意妄为。这些都是行军混乱，应该斩首。

屯营驻扎，问人籍贯；亲近同乡，紧密相随；同食同饮，互相包庇；点名无人，跑入他营；扰乱次序，制止无效；翻墙出入，不由门户；自做坏事，不报长官；知者不举，罪过相同；聚众饮食，偏袒私恩；危言耸听，疑惑官兵。这些都是妨害营规，应该斩首。

从以上这些兵法条文中，即可看出诸葛亮是如何严格依法治军的。除此之外，诸葛亮又改进了“连弩”，推演了“八阵图”，对各种兵器进行技术改进，使之更加适用于战争的需要。

其中，“八阵图”是诸葛亮根据自己长期领兵作战的经验而推演总结出来的新型阵法，是我国军事史上的一个重大贡献。可惜的是，“八阵图”如今已经失传，但据后人研究推论，认为“八阵”是指：方阵、圆阵、牡阵、冲阵、轮阵、牝阵、浮沮阵、雁门阵。也有人认为，“八阵”应该指：天、地、风、云、龙、虎、鸟、蛇。

据方志记载，诸葛亮曾聚石布成八阵图形，其遗迹有三种说法：一说在今陕西勉县定军山，一说在今四川奉节县东南长江岸边，一说在今四川新都县北牟弥镇。

虽然后人对诸葛亮的八阵图的解释不尽相同，但八阵图作为诸葛亮推演总结出来的新阵法，在当时却是十分先进而周密的。

第十九章　高手对峙

人君拒谏，则忠臣不敢进其谋，而邪臣专行其政，此为国之害也。

——（三国）诸葛亮

（一）

经过近3年的准备，建兴十二年（234），诸葛亮率领10万大军，以魏延为先锋出斜谷，开始最后一次北伐。

此时的诸葛亮已经54岁，可能也已意识到这是自己一生中的最后一次北伐了，复兴汉室的愿望能否实现，将在此一举。因此，此次诸葛亮所率兵力几乎为蜀国的倾国之兵。

与此同时，诸葛亮也很清楚，仅靠蜀国的一国之力，尚不足以消灭曹魏，必须联合盟友孙权。只有两面出击，东西夹击，才有可能致曹魏于死地。

自从建兴元年（223）蜀汉两国联盟重新恢复后，关系一直很好。尤其是建兴七年（229）孙权称帝后，诸葛亮特派陈震出使东吴，祝贺孙权，并与孙权共立盟誓，一同抗曹，蜀汉联盟更是得到了进一步的巩固。

自此以后，诸葛亮不仅与东吴的诸葛瑾、陆逊等大臣保持着频繁的书信来往，与吴主孙权本人也有书信往来，并且还经常互赠礼品，以示友好。

对孙权的子侄一辈，诸葛亮也颇为关心。例如，孙权的侄子孙松善于与人交往，轻财好施，又能闻过即改。在镇守巴丘期间，他经常当面向陆逊请教得失。

有一次，孙松小有过失，陆逊当面批评了他，孙松脸色忽变，似有不满。不久，陆逊见孙松忿怨稍消，就对他说：

“您不把我当成是鄙陋之人，多次前来探访，向我咨询得失，因此我才尽心向您进言，但没想到您竟然变色忿怨，这是为什么呢？”

孙松笑着回答说：

“当初我也是悔恨自己竟然有如此错误的行事，所以才会变色忿怨，哪有埋怨您的意思呢？”

对孙松这位优秀的孙氏子弟，诸葛亮与他的关系也颇为密切，两人也曾互赠过很多礼物。

建兴九年（231），孙松病逝，诸葛亮甚为悲痛。为对孙松的去世表示哀悼，诸葛亮专门给其兄诸葛瑾写信说道：

“我既受东吴之厚遇，对孙氏子弟本来就怀有深厚的感情。何况孙松的确是个优秀的人才，我更加为之悲伤。每当见到他生前送给我的礼物，我就会因此而感伤流泪。”

以上这些情况都说明，在诸葛亮第五次北伐之前，吴蜀两国的联盟是非常稳固的。正是在这种情况下，诸葛亮在此次北伐之前，郑重其事地给盟友孙权写了一封信，希望他能尽吴蜀联盟之义务，发兵北征，配合蜀军，共靖中原，同匡汉室。

在信中，诸葛亮写道：

汉室不幸，纲纪废弛，曹贼篡逆，祸延至今。吴蜀两国结盟，都意欲发兵灭曹，但至今未能如愿。我受昭烈皇帝（指刘备）重托，不敢不竭力尽忠。如今，蜀汉大军已会于祁山一带，曹魏狂寇将亡于渭水之滨，恳请您履行同盟义务，命将北征，共靖中原，同匡汉室。书不尽言，万望昭鉴。

在这封信中，诸葛亮称此次北伐的蜀军已会于“祁山”，但真正的进军路线并非祁山。之所以在信中这样写，可能是出于军事机密的考虑而故意为之。真正的进军路线，相信诸葛亮会通过其他方式告知孙权。

这一次，诸葛亮改变了以往的行军路线，改由比较近的褒斜道北上，目的是切断关中与陇右的联系，迫使司马懿出兵与自己决战，最后奋力夺取陇右。这条路线原本是首次北伐时魏延提出的，但当时诸葛亮考虑到这样做过于冒险，因而未采纳魏延的意见。此次北伐，诸葛亮终于由此出兵了。

诸葛亮之所以如此，可能有两个原因：

第一，前四次北伐中，虽然第三次夺得了武都、阴平两郡，但其他地方都距关中过远，根本不足以动摇曹魏政权的整体局势。其余三次，两出祁山，一攻陈仓，均以失败告终。这些情况说明，采取迂回的策略很难奏效；即使小有收获，收效也过于缓慢。

第二，自从第一次北伐开始，至今已过去整整6年。随着时间的推移，曹魏政权日渐巩固，而蜀汉国力却日渐虚弱。如果继续像以往那样迂回出兵，不论是从魏蜀两国的客观形势来看，还是从诸葛亮本人的身体状况来看，要获胜都是十分艰难的。

为此，一向处事小心谨慎的诸葛亮此次不得不冒一定的风险，由褒斜谷出兵，直取关中。

在诸葛亮的率领之下，10万蜀军由褒谷口进入秦岭，经过两个多月的艰难跋涉，终于于4月间由斜谷口（今陕西眉县西南15千米）走出秦岭。

见行军一路顺利，诸葛亮很高兴，马上派人去向后主刘禅报告：

“部队长途跋涉，道路异常难行，从进入褒谷口到走出斜谷口，所幸平安无事。”

（二）

魏明帝曹叡听说诸葛亮已率军出斜谷口，来势汹汹，十分担忧，急忙命秦朗率两万精兵赶赴长安支援司马懿。

此时，司马懿统领的在西线对付诸葛亮的总兵力已经接近20万。秦朗到来后，还带来了魏明帝的敕令：

“只要坚壁拒守，以挫蜀军之锋芒，令诸葛亮进不得志，退无与敌，久之则粮尽，虏略无所获，则必然走矣。走而追之，以逸待劳，全胜之道也。”

由此也可以看出，魏军是被诸葛亮打怕了。虽然魏军从未尝试过“走而追之，以逸待劳”的甜头，但“坚壁拒守”却实实在在是魏军克敌制胜的法宝。魏明帝的这一战略原则与司马懿的战略思想也是十分一致的。

司马懿率领大军前来迎战，部将想依靠渭水在渭水北岸拒守，但司马懿不同意。他说：

“诸葛亮如果是个勇者，就应该出武功（今陕西武功西），依山而东；如果他率军西上五丈原，则魏军便可安枕无忧了。”

五丈原位于斜谷口西侧（今陕西岐山县）。在斜谷口的东5千米左右，有一条由山中流出的河流，称为武功水。

4月，蜀军到达渭南后，主力军果然在渭水南岸的五丈原扎下营寨。同时，诸葛亮还派虎步监孟琰率领一部分人马东渡武功水，占据水东5千米处地势较高的马冢。

几天后，武功水突然上涨，司马懿便乘诸葛亮难以渡水增援之机，出兵一万进攻孟琰的军营。诸葛亮见状，忙下令在武功水上架设竹桥，准备让弓箭手渡河去射击魏军。司马懿见水上的竹桥即将架设完成，遂领兵而去。

诸葛亮屯兵五丈原，并非因为他不是一个勇者，而是因为此次出兵的目的是为了夺取陇右。对此，魏国雍州刺史郭淮曾不无担忧地对司马懿说：

“诸葛亮占据五丈原，必然要争夺北原。如果诸葛亮跨过渭水，登上北原，连兵北山，隔断陇道，陇右的民、夷就会动荡不安，这将对魏国十分不利。”

司马懿觉得郭淮说得很有道理，遂派郭淮领兵进驻北原。

郭淮预测得不错，魏军到达北原后不久，堑垒尚未建成，蜀军就打过来了。由于郭淮事先做了准备，魏军又奋力迎击，蜀军很快便被击退。诸葛亮只得退回五丈原。

几天后，诸葛亮又佯装大军向西进击，企图调动魏军向西，然后向东攻击阳遂（今陕西眉县西）。结果这一计谋也被郭淮识破，他在阳遂也提前做了防备。诸葛亮夜袭阳遂时，又一次无功而返，退回五丈原。

如此以来，蜀魏双方大军便形成了相持难下的局面。

鉴于北伐过程中经常因粮食供应不足，“使己志不伸”，且司马懿仍采取坚壁不敌的方法，诸葛亮便在渭水南岸“分兵屯田，为久驻之基”，做好了与魏军做长期周旋的打算。

（三）

诸葛亮领兵北上讨伐魏国时，曾给孙权写过一封信，请求孙权大举出兵，协助自己一起攻打魏国。孙权看过这封信后，立即决定配合诸葛亮，对曹魏采取军事行动。

5月间，孙权亲自率兵10万向曹魏的东方重镇合肥新城方向发起进攻，又派陆逊、诸葛瑾率万余人进入江夏，向曹魏的南方重镇襄阳方向进攻。同时，将军孙韶、张承也率军乘船进入淮水，向六陵、淮阴方向进攻。

当时，合肥和襄阳是曹魏必保的战略要地。魏明帝曹叡得知孙权来攻合肥时，一方面令诸将坚守，另一方面又亲自率兵东征。

吴魏两国军队在交战过程中，吴军多次败退，战事不利，将士也多生疾病。而且，孙权又听说曹叡亲自率领大军前来，担心自己的实力受损，便于7月间将大军撤回了江东。

孙韶率领的这一路军队听说孙权已经撤回江东，不久也撤了军。此时正在进攻江夏的陆逊一部，在与魏军进行一番较量，斩获千余人后，也撤回了东吴。

在诸葛亮的五次北伐期间，东吴对曹魏共采取了六次比较大的军事行动，其中三次是孙权亲自到前线指挥的，而以这一次同西蜀配合行动的色彩最为浓烈。但是，由于吴蜀之间的联盟一直比较松散，且吴国君臣心中也都有自己的打算，因此孙权此次出兵协助蜀国讨伐魏国并没有花费太多的力气，遇到困难也不想努力克服，最后只是退兵了事。

尽管如此，由于吴蜀联盟的存在和维持，对诸葛亮的北伐事业也是相当有利的。因为它不仅解除了蜀国的“东顾之忧”，而且吴军的存在和配合依然能够牵制一部分曹魏的兵力。

东吴大军退去后，魏国的大臣们向魏明帝曹叡建议说：

“司马懿正在与诸葛亮相持，两军难解难分，陛下是不是御驾亲征，到长安去一下，提高一下战士们的士气？”

但曹叡却胸有成竹地说：

“孙权一撤军，诸葛亮一定都吓破了胆。这样一来，司马懿的大军足以抵御住蜀军，我也就不用担心了。”

于是，魏明帝从容来到寿春，大飨士卒，封赏将领。

在吴军北伐之初，诸葛亮曾给吴国大将步骘写信，介绍了蜀军的部署情况。当时，吴蜀两国意欲东西夹击曹魏，并互通情报，这确实给魏军带来了很大威胁。但吴国出兵仅两个月就撤军了，这对诸葛亮无疑是个沉重的打击，也使他的第五次北伐成功的可能性变得更加渺茫。

吴军撤退之后，司马懿更增强了战胜诸葛亮的信心。当其弟司马孚来信问及军事情况时，司马懿回信说：

“诸葛亮志向远大而不能预见机兆，多谋而缺少决断，好兵而无权术，虽然率兵10万，但已落入我的圈套之中，击破蜀军指日可待。”

因此，司马懿依然在渭水前线采取坚壁不战的方针，始终牢记魏明帝曹叡的命令：“坚壁据守”“以逸待劳”。诸葛亮虽然多次挑战，司马懿就是不肯出兵应战，让诸葛亮无可奈何。

三个多月转眼过去，诸葛亮有些急了。有一次，他故意派人给司马懿送了一套女人的衣服和首饰，意思是司马懿再不出战，就不配称为男子汉大丈夫，只能称为女人，以此来羞辱嘲笑司马懿胆小怯战，如同妇人。

魏军将领们见诸葛亮如此羞辱他们，火冒三丈，纷纷要求出战。司马懿见将士们气焰太盛，只得也故意装出一副愤怒的样子，并上表魏明帝，请求与诸葛亮决战。

魏明帝曹叡知道司马懿的意思，便派出骨鲠之臣辛毗为军师，持皇帝符节到前线军中节制司马懿和诸将领，不让司马懿出兵应战。魏国将士见到符节，不得不俯首听命，“莫敢犯违”。

后来，诸葛亮再次挑战，司马懿又装作将要应战的样子，而辛毗则持符节立于军门加以制止。

蜀国大将姜维不知这是司马懿的计谋，便对诸葛亮说：

“辛毗持符节而来，贼兵看来是真的不敢出战了。”

而诸葛亮却忧心忡忡地说：

“司马懿本无出战之心，他之所以上表向曹叡请战，只不过是个借口而已，实际是在做样子给将领们看的，以平复部下的不满情绪。将在外，君命有所不受。如果他认为有把握打胜我们，想出战，完全可以自己做主，何必千里迢迢去上表请求出战呢！”

第二十章　相星陨落

鞠躬尽瘁，死而后已。

——（三国）诸葛亮

（一）

对于老谋深算、拒不出战的司马懿，诸葛亮无计可施，唯一的办法就是不断派人前去挑战。

一次，诸葛亮又派使者到魏营下战表，但司马懿见到蜀国使者后，闭口不谈两军交战之事，只是关切地向使者询问诸葛亮的饮食起居及日常事务。使者回答说：

"诸葛公一天非常辛苦，起早贪黑，责罚20军棍以上的事情都要亲自处理，胃口也不太好，每天连几升饭食也吃不下。"

使者本来是想对诸葛亮每天起早贪黑、事必躬亲、废寝忘食的工作态度和高尚品德予以称赞，但精明诡异的司马懿却从中获得了一个重要信息。

蜀军使者走后，司马懿对部下说：

"诸葛亮食少事烦，身体已经疲惫不堪了，所以也活不了多久了。"

果然不出司马懿所料。在与司马懿对垒相持的百余日里，诸葛亮因军事繁杂，饮食不佳，而他本人又坚持事无巨细、凡是亲自处理的工作态度，到这年秋天便积劳成疾，一病不起。

对于诸葛亮病逝之前的事，《三国演义》中是这样描写的：

一天夜里，诸葛亮带病出帐，抬头观看天文，不禁十分惊慌。回到帐中后，诸葛亮心情沉闷地对大将姜维说道：

“我的生命已经危在旦夕了。”

姜维听完诸葛亮的话后愣住了，忙问道：

“丞相为何说这种话？”

诸葛亮叹了口气，回答说：

“我看见三台星中，客星格外明朗，主星却十分幽暗。天象是这样的，我的命运便可知晓了。”

姜维又问道：

“天象虽然如此，丞相却为何不用祈禳的方法挽救呢？”

诸葛亮说：

“我一向通晓祈禳的方法，但并不知道天意如何。你可带49名甲士，每人各执皂旗，身穿皂衣，环绕在大帐外边；我自己则在帐内祈禳北斗星。如果七天之内主灯不灭，那我的寿命就可以再增加12年；但如果主灯灭了，我便真的要死了。”

姜维领命后，忙去布置。

时值八月中秋，这天夜晚，银河灿灿，玉露莹莹，姜维带着49名甲士在大帐外面守护，诸葛亮自己则在帐内摆上香烛等祭祀用品，地面上分布着7盏大灯，周围环绕着49盏小灯，最中央的是一盏本命灯。

诸葛亮跪下拜祝道：

“亮生于乱世，本来宁愿终老于山野林泉。承蒙昭烈皇帝三顾之恩，托孤之重，不敢不竭尽犬马之劳，誓讨国贼，因此不希望我的将星现在就坠落，阳寿终结。谨写下这一幅尺素，上告苍穹，听我肺腑之言，延长我的谋算，使得我能上报君恩，下救百姓，克复旧物，将汉朝江山永远延续下去。不敢妄想以祈祷，实在是出于情真意切。”

拜祝完后，诸葛亮就在帐中俯伏，等待天明。

第二天，诸葛亮依旧抱病处理军事，白天计议军事，晚上则步罡踏星。

却说司马懿在营中坚守，一天晚上观察天象，不由大喜，对身旁的夏侯霸说道：

“我看到将星错位了，孔明肯定是生了病，而且用不了多久就会死了。你马上带上1000名兵士到五丈原去打探一下虚实。如果蜀人攘乱，不出来应战，那一定是孔明患了重病，我们就将趁势攻打他们。”

夏侯霸领命去了。

此时，诸葛亮已经在大帐中祈禳6天了，见主灯一直明亮，心中十分高兴。姜维则站在一旁服侍。

忽然，蜀营寨外一片嘈杂呐喊之声，姜维刚要派人出去查看，魏延一个箭步闯了进来，大声报告：

“魏兵来了！”

由于魏延的脚步过于急快，带起的风一下子将主灯吹灭了。

诸葛亮见状，叹声说道：

“生死有命，不是靠祈禳就能改变的啊！”

魏延惊恐万状，忙伏在地上请罪。姜维盛怒之下，拔剑就要斩杀魏延，诸葛亮忙拦住姜维，说道：

“这是我命该绝，不是文长（魏延的字）的错。”

姜维这才收起剑。诸葛亮吐了一口血，卧倒在床上，缓缓地对魏延说道：

“司马懿定是料我患病，所以派人来探听虚实，你可立即去迎战。”

魏延领命出去，不久便将夏侯霸赶走了。这时，诸葛亮对在自己身旁的姜维说道：

“我本想尽忠效力，恢复中原，重兴汉室，无奈天意如此，我旦夕之间就要死了。我平生所学已经著书24篇，共计十万四千一百一十二个字，内容是个关于八务、七戒、六恐、五俱之法。我察看所有将领，没有人可以传授，唯独你一个人。请你千万不要轻慢忽视了它。”

姜维哭着拜谢接受了。

诸葛亮又接着说道：

“我有‘连弩’之法，没有用过。它的方法是矢长八寸，一弓可以发出十支箭，都已经画成图本，你可以根据图法去制造使用。”

姜维也拜谢接受了。

诸葛亮喘了一口气，又艰难地说道：

“蜀中各条道路全都不必多虑，只是阴平地区千万要当心。这个地方地势险峻，时间久了定会出事。”

随后，诸葛亮又将马岱叫入帐内，附在他耳边，低声传了一个密令，最后吩咐道：

“我死之后，你便可以按计行事了。”

马岱领命出去了。

诸葛亮又将杨仪叫进来，然后给了他一个锦囊，秘密地对杨仪说道：

“我死后，魏延一定会反。待他谋反，你与他对阵，再打开这个锦囊。那时，自有杀魏延之人。”

诸葛亮调度完毕后，便累得昏了过去。

（二）

《三国演义》在一定程度上对诸葛亮进行了神化，所以上文中的祈禳之术并没有什么可信度。只是作者为了让诸葛亮的形象更加完美，主观地夸大了他的能力。

不过，战事的毫无进展的确让诸葛亮心急如焚，病情自然也是日益严重。后主刘禅得知诸葛亮病重后，大惊失色，急忙令尚书仆射李福启程前往五丈原看望诸葛亮，并借此咨询国家大事。

李福日夜兼程来到五丈原，入账拜见诸葛亮，并转达了后主刘禅的问候。诸葛亮流着眼泪说道：

“我不幸大业未成，半途死去，虚废国家大事，得罪于天下。我死之后，你们要尽心竭力辅佐后主。国家目前的制度不能改变，我所用过的人也不要轻易废掉，我的用兵之法也都已传授给姜维，他自然会继承我的遗志，为国出力。”

与诸葛亮交谈后，李福便辞别诸葛亮，回去向后主刘禅复命。在离开五丈原，返回成都的途中，李福忽然想起一件大事忘了询问，于是又飞马返回。

诸葛亮见李福又返了回来，还未等李福开口，便说道：

“我知道你返回来的意思，前几天虽然谈论终日，但你意犹未尽，还有事需要我决定。你所问的，肯定是我身死之后由谁继任丞相之事。我看，蒋琬是最合适的继任者。”

说罢，诸葛亮便将早已写好的推荐蒋琬为丞相的密表交给李福，托他转交给刘禅。

李福见状，十分抱歉地说：

“前几天的确忘记问您这件大事，所以返回。我再多问一句，蒋琬之后，谁可继任？”

诸葛亮的话脱口而出：

“费祎可以继任。”

“那么费祎之后谁可继任呢？”李福又问。

诸葛亮则摇了摇头，没有回答。

随后，李福飞身上马，返回成都复命去了。

李福走后，诸葛亮自知将不久于人世，便强撑病体，命人取来文房四宝，坐在病榻上给后主刘禅写了一生中的最后一道奏表，以告后主。

奏表中写到：

伏闻生死有常，难逃定数；死之将至，愿尽愚忠：臣亮赋性愚拙，遭时艰难，分符拥节，专掌钧衡，兴师北伐，未获成功。何期病入膏肓，命垂旦夕，不及终事陛下，饮恨无穷！伏愿陛下：清心寡欲，约己爱民；达孝道于先皇，布仁恩于宇下；提拔幽隐，以进贤良；屏斥奸邪，以厚风俗。

臣家成都，有桑八百株，薄田十五顷，子弟衣食，自有余饶。至于臣在外任，别无调度，随身衣食，悉仰于官，不别治生，以长尺寸。臣死之日，不使内有余帛，外有嬴财，以负陛下也。

写完奏表后，诸葛亮又对自己死后的丧葬事宜留下了遗嘱：

“葬于汉中定军山，因山为坟，冢足容棺，敛以日常服装，不需随葬器物。”

（三）

弥留之际，诸葛亮最担心的是怎样让10万蜀军在自己死后顺利退回汉中。这次北伐，跟随诸葛亮的主要部署有先锋魏延、长史杨仪、司马费祎和护军姜维等，而最让诸葛亮放心不下就是魏延和杨仪的关系。

在蜀国将领当中，魏延善养士卒，作战也勇猛过人，但性格高傲，颇难驾驭。尤其在赵云于229年去世后，他更是目空一切，盛气凌人。每次北伐，他都要求像韩信那样，亲自率领精兵作战，直取关中，与诸葛亮异道会于潼关。

诸葛亮认为魏延不适合独立统兵作战，对于魏延那种既不听从命令又冒险的倾向，“制而不许”。魏延便据此认为诸葛亮胆怯，并抱怨称自己的才能不能尽其所用。对于个性骄悍不羁的魏延，除诸葛亮能驾驭之外，其他人大都避而远之。

杨仪精明干练，办事机敏，每次北伐他都善于规划部署，筹措粮谷，不假思虑，顷刻间就能完成，深得诸葛亮赏识。但是，杨仪也有缺点，那就是性格急躁，器量狭小，又瞧不起魏延。

因此，魏延与杨仪两人关系长期不和，简直势同水火，每次争论起来，几乎都要兵刃相见。每每此时，都是费祎出来调停，两人才不至于真动起手来。

诸葛亮虽然平时很不喜欢魏延和杨仪两人的这种不和的关系，但由于深惜杨仪的才干，又必须凭借魏延的骁勇善战，故而也不能有所偏废，对二人都尽量加以重用。但诸葛亮也担心自己死后魏延可能会出事，于是便避开魏延，秘密将杨仪、费祎、姜维召入帐中，交代自己死后的退兵之事。

诸葛亮的安排是：命魏延断后，姜维次之。如果魏延拒不从命，大军便自行撤退。也就是说，如果魏延不服从命令，就由姜维断后，大军自行撤退，返回汉中。

交代完这最后一件大事，蜀国丞相诸葛亮怀着无限的惆怅与遗憾，于蜀汉建兴十二年（234）8月溘然长逝于五丈原军中，时年54岁。

诸葛亮死后，杨仪等官员人秘不发丧，同时传密令，各处营寨悄然无息，一一撤出，准备返回。

司马懿派人前往五丈原侦查蜀军情况，结果得知蜀军营中已经空无一人，急忙率兵追击。当魏军追至山脚下时，见蜀军正在前方不远处，司马懿下令奋力追击。

这时，忽然山后一声炮响，喊声大震，只见蜀军全部回旗返鼓，树影中飘出中军大旗，上面写着几个大字——“汉丞相诸葛亮”。

司马懿见状，不由大惊失色，定眼一看，只见中军几十名大将拥着一辆四轮马车正向自己赶来，车上端坐着诸葛亮，羽扇纶巾，鹤氅皂绦。司马懿大惊道：

“难道诸葛亮还活着？我轻入重地，落入他的圈套了！”

于是，司马懿忙令部将调头返回。

司马懿率领魏军撤走后，杨仪等人才又结阵而去。等到蜀军撤到斜谷之后，才正式为诸葛亮发丧。

听到诸葛亮已死的传闻后，司马懿还是不放心，又亲自率军来到诸葛亮的五丈原营地，见其营垒坚固，部署有方，不由赞叹道：

“真是天下奇才啊！”

根据蜀军撤退后散落在营中的各种文书及粮草，司马懿断定这次诸葛亮是真的死了。大将辛毗不解，问司马懿是如何判断的。司马懿回答说：

“领兵之人最忠实的就是军书密计和粮谷草料。如今，蜀军皆弃之而去，怎么会有人弃其五脏而能够生存的呢？”

于是，司马懿再次下令魏军急追撤退的蜀军。

蜀军撤退时，为阻拦魏军追击，在沿途撒下很多蒺藜。司马懿见大军被蒺藜阻拦，忙命2000名兵士穿着软材平底的木屐走在上面，蒺藜悉数被木屐粘去，后面的马步大军又得以顺利前进。

魏军一直追到赤岸，才得知诸葛亮已死的准确消息，但此时蜀军已经去远，司马懿只得下令退兵。

当地百姓看到司马懿退兵，便纷纷编谚语讥笑道：

"死诸葛吓走活仲达。"

司马懿也不在意，只是自我解嘲地笑着说：

"我能料定活人，但却不能料定死人啊。"

（四）

诸葛亮刚刚病逝，杨仪便让费祎向魏延转达诸葛亮的退兵安排，并让费祎观察魏延的态度。魏延果然不服从诸葛亮的命令，也不听从杨仪的部署，不愿断后。他说：

"丞相虽然去世，但我魏延还在。丞相府中的亲信官员可以把丞相的灵柩运回去安葬，我自当率领诸军讨伐魏寇，怎么能因为一个人的去世就废掉讨伐曹贼这一天下大事呢？况且我魏延怎么能听从杨仪的部署，做断后将军呢？"

随后，魏延又强迫费祎写亲笔信，与自己联名通知诸位蜀国将领，重新进行战略部署和安排。费祎不愿违背诸葛亮的遗命，便托故要与杨仪商议后再执行。他对魏延说：

"我可以遵命这样做，但我应该先去向杨长史解释。长史是个文吏，很少懂得军事，一定不会违背将军命令的。"

魏延同意了费祎的要求，费祎赶紧离开。费祎走后，魏延有些后悔，忙派人去追费祎，但已经来不及了。

魏延也派人秘密窥视杨仪等人的动静，得知杨仪、费祎和姜维等人正背着自己，遵照诸葛亮生前的部署安排退兵之事，不禁大怒。他马上率部抢先南归，沿途烧毁依山用木头建造起来的栈道，迫使撤退的蜀军部队通行受阻。杨仪无奈，只好凿山通道，昼夜兼程，急速南归。

与此同时，杨仪和魏延都分别向后主刘禅上表，互相指控对方"叛逆”。后主刘禅无法判断，便询问侍中董允、留府长史蒋琬等人的意见。董允和蒋琬都保证杨仪不会叛变，对魏延则持怀疑态度。于是，刘禅便命蒋琬率领宿卫诸营的一些士兵北上“赴难”。

魏延抢先率部到达南谷（即褒谷口），在谷口拦住杨仪等所率蜀军的归路，并派兵逆击杨仪等人。杨仪派王平前去抵御魏延军，王平来到阵前，大声斥责魏延及其兵士：

“丞相刚刚病逝，尸骨未寒，你们竟然这样打起自己的人来了！”

魏延部众也都知道错在魏延不服从命令，是魏延不对，便“莫为用命，军皆散”，即不愿意为魏延卖命，打自己人，因而纷纷逃散。魏延见状，只得带着自己的儿子和几个亲信向汉中逃去。

接着，杨仪又派将军马岱率军追击魏延。魏延寡不敌众，被马岱杀死。马岱又斩下魏延首级，拿回去交给杨仪。杨仪踩着魏延的首级怒骂道：

“庸奴，看你还能再作恶吗？”

此时，蒋琬正率军北行，路上闻知魏延已被斩首，遂率兵返回。

魏延作乱，虽然不是想背叛蜀国投靠魏国，但这一行动却是有利于魏国的。如果司马懿能提前预知，率领大军穷追猛打被魏延阻截的蜀军，蜀军肯定要吃大亏。幸好在诸葛亮生前的预先安排和杨仪等人的果断处理下，一场叛乱终告平息。

在《三国演义》中，写魏延归附刘备，而诸葛亮看到魏延后说：

“我看魏延的脑后有反骨，此人日后必反，因此应马上斩了他，以绝后患。”

但刘备爱惜魏延的将才，便没有听从诸葛亮的建议。这些其实都是子虚乌有，是作者为神化诸葛亮而编出来的，不足为据。

第二十一章　朝野怀思

良将之为政也，使人择之，不自举，使法量功，不自度。故能者不可蔽，不能者不可饰，妄誉者不能进也。

——（三国）诸葛亮

（一）

杨仪等人率领大军，护送着诸葛亮的灵柩返回汉中后，全蜀哀思，万众悲恸。后主刘禅更是悲痛不已，特派出年近七旬的左中郎将杜琼奉诏前往汉中致祭，并赐予诸葛亮武乡侯印绶，谥以忠武。按照诸葛亮生前的遗嘱，他被葬在汉中郡沔阳县（今陕西勉县）的定军山上，其坟墓至今犹存。

从诸葛亮出隆中茅庐到他第五次北伐期间在五丈原病逝，期间经历了27年的岁月。在这27年中，诸葛亮为报答刘备的知遇之恩，殚精竭力，日夜操劳，效忠刘备、刘禅父子两代，为蜀汉统一事业尽心尽力，耗尽了全部的心血。

作为一国之宰相，诸葛亮从未想过为自己谋取一点私利，全心全力地为国家、为百姓贡献了自己的一生。他的品德、人格和精神感动了蜀汉百姓和后世一代代的人们。

据《三国志》记载，“亮初亡，所在各求为立庙，朝议以礼秩不听，百姓遂因时节私祭之于道陌上。言事者或以为可听立庙于成都者，后主不从。”

当时的人们都有一种观念，认为人死了后，灵魂是不灭的，而为之建立的庙宇就是死者灵魂栖息的场所。人们想通过为诸葛亮立庙的方式来纪念他，但后主刘禅以不合礼制为由，拒绝了这一要求。很显然，从封建礼制来说，天子为至尊，诸葛亮再如何伟大，也不过是个人臣而已，不能超越“礼秩”，为其立庙祭祀。

但是，蜀汉地区的百姓却不管这些朝廷所谓的“礼秩”。每到诸葛亮的祭日，蜀汉百姓便自动在街巷中祭奠他。西南一带的少数民族百姓更是有感于诸葛亮对蜀国少数民族所做的贡献，每年都按季节私祭于郊野阡陌，以表达对诸葛亮的怀念之情。

多年之后，步兵校尉习隆、中书郎向冲等人共同上表，建议为诸葛亮在沔阳县的坟墓附近设立庙宇，便于其亲属前去祭奠；其门生故吏想去祭奠的，也只限于该庙；同时禁止民间私自祭祀，以崇尚国家之礼。这一次，刘禅终于应允了。

景耀六年（263）春，后主刘禅下诏，为诸葛亮在沔阳县立庙，设武侯祠。而此时距诸葛亮去世已经29年了。

勉县的武侯祠也成为中国历史上第一座武侯祠。立庙当年的秋天，魏国镇西将军钟会率军伐蜀。当大军行至沔阳时，钟会曾亲自前往诸葛亮庙内祭奠，并严令士兵不得在诸葛亮坟墓附近放牧砍柴。

钟会以魏国将领身份，在蜀国丞相诸葛亮去世29年后，对其尚且如此敬重，可见诸葛亮的影响在当时已经超越了“三国”的国界，即使敌国的将领，对诸葛亮的人品与才学也佩服备至。

（二）

诸葛亮去世的噩耗传到梓潼，被诸葛亮废黜的李平格外悲痛。他在追忆丞相的恩德，也在忏悔自己的过去。

在悲痛之余，这位须发斑白的老人用颤抖的双手，把写有“汉丞相诸葛亮先生”的灵牌放在香案上，然后摆上供果，点上香烛，悲声祭奠道：

“丞相啊，我的过错太严重了。我犯的罪本来是该杀头的，是您饶恕了我的性命，宽恕了我的全家，这是我无论如何都不能忘记的。您还给予我改过自新的机会，信任并重用我的儿子，这既让我感到万分惭愧，又感到无比喜悦。到乡下这些年，我时刻都在悔恨过去，希望能以自己的实际行动来报答您对我的宽恕和关切，可是您却突然撒手西去了……”

悲痛之余，李平知道自己从此再也没有重返朝廷任职的机会了，不久便郁郁而逝。

噩耗传到东吴，孙权也感到格外震惊，甚至流泪不已。他很清楚，多年来自己之所以能称帝一方，据守江东，不为曹魏所吞并，是完全得力于孙刘联盟的缔结、发展与巩固。现在，这个联盟的创始者离世了，今后的蜀国和吴国将会出现何种局面呢？

想到这些，孙权坐卧不安，一面让属下挂孝致哀，一面派使臣前往蜀国吊唁。

诸葛亮死时，其子诸葛瞻才8岁。诸葛瞻，字思远，出生于建兴五年（227）。17岁时，诸葛瞻娶刘禅之女为妻，拜骑都尉，次年又拜羽林中郎将，并屡迁射声校尉、侍中、尚书仆射，加军师将军。

诸葛瞻也颇有才学，工于书画，博闻强记，才思敏捷。由于蜀人多追思诸葛亮，爱父而及其子。因此朝廷每有善政佳事，虽然不是诸葛瞻建言首倡的，百姓们仍然互相转告，认为这是诸葛瞻的功劳。

如此一来，诸葛瞻的声望便更高了，甚至有些名过其实。景耀四年（261），诸葛瞻又升为行都护卫将军，平尚书事。

炎兴元年（景耀六年8月改元炎兴元年，即263）冬，魏国征西将军邓艾率军讨伐蜀国，自阴平行经无人之地350多千米，直逼江油（今四川江油），蜀国守将马邈率众投降。

魏军继续南下，诸葛瞻督诸军在涪县（今四川绵阳以东）待敌，因指挥失误，被邓艾击败，退守绵竹（今四川绵竹）。

邓艾听说诸葛瞻的祖籍是琅邪，便派使者给他送信说：

"如果你愿意投降，我马上上表魏帝，封你为琅邪王。"

诸葛瞻大怒，遂斩杀使者，列阵出兵，以待魏军。

邓艾派其子邓忠与行军司马师纂左右夹击诸葛瞻，二人初战失利退回。邓艾严令再战，邓忠与师纂驰马再战，斩杀了诸葛瞻与张遵、黄崇等蜀将。时年，诸葛瞻37岁。

诸葛瞻的长子诸葛尚见父亲壮烈殉国，不禁叹息道：

"父子同受国家重恩，不能早日斩奸臣黄皓（后主刘禅宠信的宦官，弄权乱政多年），以致今日之败，活着还有什么意义啊？"

于是驰赴魏军，冲阵而死。

诸葛瞻虽然智不足以扶危，力不足以抗敌，但其不负君恩、不改父志，也可算得上是忠孝两全之人了。

诸葛瞻战死绵竹后，邓艾遂率军逼近成都。后主刘禅束手无策，只得率众出城投降，蜀国即宣告灭亡。

（三）

诸葛亮死后，被埋葬在定军山上。这里没有高大的华表，也没有宽厚的墓围，只有萋萋的芳草和不知名的野花，陪伴着这位三国史上的英豪。

然而，他的思想、他的气节以及他的功绩，却永远为后世人所赞颂。他的《出师表》更是起着“移风来世”的深刻影响。唐代著名诗人白居易就曾咏叹道：

“前后出师遗表在，令人一览泪沾襟。”

在成都武侯祠博物馆里，立有一块方碑，全称为《蜀丞相诸葛武侯祠堂碑》。撰写这个碑文的人，是唐朝著名政治家、唐代中后期赫赫有名的中兴宰相裴度。他在碑文中这样称赞诸葛亮：

> 我裴度读前代的史书，详细地寻求前贤先哲的行事。他们有的人具有对君主很忠诚的德行，可却没有开创一个国家的才能；有的人虽然懂得为人处世的道理，但却没有治理民众的方法。如果说有谁兼备事君之杰、开国之才、立身之道、治人之术，并能用来施展自己的政治抱负，大概就只有蜀汉丞相诸葛亮了。

这段话对诸葛亮的才能、品德都作了全面而中肯的评价。纵观诸葛亮的一生，也的确是这样的。

唐朝著名诗人杜甫在避难成都之时，也曾去寻访过诸葛亮的武侯祠。当时，他怀着忧国忧民的心情，踏着荒郊的野草，穿过郁郁葱葱的柏树林，来到武侯祠前，慨叹之情，油然而生，遂写下了名垂千古的《蜀相》一诗：

丞相祠堂何处寻，锦官城外柏森森。
映阶碧草自春色，隔叶黄鹂空好音。
三顾频烦天下计，两朝开济老臣心。
出师未捷身先死，长使英雄泪满襟。

这首诗也抒发了诗人对英明垂世的诸葛亮的仰慕之情。

时距三国鼎立大约900年后的一个秋天（南宋绍兴初年），抗金英雄岳飞在收复失地襄阳、信阳等地之后，路过南阳，特地带领他的大将牛皋等人来到卧龙岗上，凭吊这位“鞠躬尽瘁，死而后已”的蜀汉忠臣。

在诸葛亮的雕像前，岳飞焚香礼拜，并在武侯祠内游览、观赏。每一座凭吊的碑文，岳飞都会仔细诵读；每一首赞颂的诗词，岳飞也都反复吟咏。

最后，岳飞来到石刻大碑《出师表》前，站立了许久。《出师表》的内容他早已读过数遍，甚至可以背诵得滚瓜烂熟，但今天再次读起，他依然感慨万千。

激动之余，岳飞立即向人要来笔墨纸张，以饱含深情的大笔，挥毫写下了前后《出师表》，同时还写下了“还我山河”四个大字，作为对这位蜀汉丞相的回答。

千百年过去了，岳飞书写的武侯《出师表》的大石碑依然屹立在武侯祠内，它不仅为武侯祠增添了异彩，更重要的体现了两代忠臣肝胆相照的壮烈情怀。

南宋爱国名将文天祥也曾写过一首赞誉诸葛亮的诗，名为《怀诸葛亮》。诗中写到：

斜谷事不济，将星殒营中。
至今出师表，读之泪沾胸。
汉贼明大义，赤心贯苍穹。
世以成败论，操懿真英雄。

这首诗对诸葛亮的挥师北伐表现出了深度的敬意。虽然诸葛亮的北伐最终以失败告终，但不能以成败论英雄。若以成败论，那么曹操和司马懿就是真正的英雄了。但是，人们从未将他们当做是英雄来看。因此，就算诸葛亮北伐大业未成，他始终都是后世人们心中的英雄，他的忠心更是苍天可鉴。

总之，蜀汉丞相诸葛亮以其超凡的才智，在历史舞台上表演了可歌可泣的一幕，也留下了许多不可磨灭的功绩。其开明的政治，改善了人民的生活，缓和了民族矛盾；其伟大的人格风范，也不断昭示着后人。因此，千百年来，诸葛亮一直都深为后人所景仰。

第二十二章 是非功过

喜不应喜无事之事，怒不应怒无怒之物。

——（三国）诸葛亮

（一）

诸葛亮一生的54年间，27岁前以隐居未仕，27岁后出山从政，辅佐刘备与刘禅父子。在这27年上的从政过程中，诸葛亮的事业功绩是多方面的。但简而言之，则首在政治，次在军事。

作为政治家的诸葛亮，其主要事业功绩有两方面。一是在理论方面，表现为撰写了不少政治理论著作，如《蜀科》《法检》《科令》《隆中对》《说孙权》《答法正书》《出师表》等。这些政治理论著作有些是诸葛亮亲身实践的指导思想，有的则是他政治实践的经验总结；二是在实践方面，表现为四个方面的功绩。

第一个功绩，在“隆中对策”时，诸葛亮为刘备作出了复兴汉室、成就霸业的战略决策。

建安十二年（I207），诸葛亮为刘备分析了天下的具体形势，最后针对天下大势制定了蜀汉复兴的战略决策：

“若跨有荆、益，保其岩阻，西和诸戎，南抚夷越，外结好孙权，内修政理；天下有变，则命一上将将荆州之军以向宛、洛，将军身率益州之众出于秦川，百姓孰敢不箪食壶浆以迎将军者乎？诚如是，则霸业可成，汉室可兴矣。”

这实际是一个分两步实施的战略决策。

第一步，夺取刘表的荆州和刘璋的益州，派兵驻守险要之地，与西南两边的少数民族和睦相处。另外，对外要与孙权结盟，共同抗击曹操；对内则要整顿吏治，发展国力。

这第一步是为让刘备夺取荆州和益州作为建立政权的基地，首先巩固根基，形成与曹操、孙权三足鼎立的局面。

第二步，是从东西两路出兵北伐。东路由荆州出发，直趋宛（今河南南阳）、洛（今河南洛阳），夺取中原；西路由刘备亲自率领大军从益州出发，夺取关中。

这第二步是为了达到最终目的，让刘备最终消灭曹操集团，兴复汉室。

对于闯荡半生、漂泊不定、四处寄人篱下而始终一事无成的刘备来说，诸葛亮的战略决策犹如一盏明灯，不仅让他从此明确了奋斗目标，还明确了具体的实施方案。此后，刘备一直按照诸葛亮的这个方案进行发展，并让决策的第一步得到了圆满实现。

第二个功绩，辅助刘备成就霸业。主要体现三方面。

首先，通过赤壁之战的胜利，帮助刘备夺取荆州，首次改变了刘备无处立足的困境，为刘备成就霸业建立了第一个战略基地。

其次，为刘备夺取益州作出了重要贡献。在刘备和法正率大军入蜀夺取成都之役的近三年时间里，诸葛亮留守后方，担任大军后勤保障的重任。在战役的最后阶段，诸葛亮又亲自率军入蜀增援，协助包围成都。而在刘备和法正从成都进入汉中后，诸葛亮又为刘备镇守成都。因此，在夺取益州过程中，法正虽然立下了首功，但诸葛亮的功劳同样不能埋没。

此外，帮助刘备建立了蜀汉政权。从建安十三年（208）赤壁之战开始，到建安二十四年（219）占领汉中为止，刘备用了11年的时间先后占领了荆州和益州，让诸葛亮“跨有荆、益”的战略决策得以圆满实现。

有了荆州和益州，按诸葛亮的决策，还必须建立国家政权，才算成就霸业。于是，建安二十四年（219）七月，诸葛亮等人拥立刘备为汉中王。建安二十六年（221）四月，诸葛亮等人又拥立刘备为帝，国号为汉，世称蜀，亦称蜀汉，改建安二十六年为章武元年，诸葛亮为丞相。

（二）

第三个功绩，是在刘备病逝后，辅佐刘禅维持蜀汉政权，并以复兴汉室为己任，鞠躬尽瘁，死而后已。

诸葛亮在辅佐刘禅期间，蜀汉的情况与刘备时期相比颇为特殊，这主要表现为两点：

一是刘禅本人的能力远远低于刘备，而且在刘备去世之前，他一直都养尊处优，不谙世事，更谈不上有什么政治经验和军事经验了。刘备去世后，17岁的刘禅即位，但却是个扶不起的天子。史称刘禅“任贤相则为循理之军，惑阉竖则为昏暗之后”，意思是他毫无主见，是个完全依靠别人代为主事的庸才。

正因为刘禅本身能力较低，因此诸葛亮对刘禅所起的作用，名为辅佐，实为代替，他实际上已经成为蜀汉的最高执政者。当然，诸葛亮虽然权力很大，但在位期间一直谦恭谨慎，忠心事主，从未有过叛逆之心。

二是刘备留给刘禅的其实是个日渐衰微的蜀汉政权，尤其是在关羽丢失荆州和刘备兵败夷陵之后，蜀汉从此元气大伤，日渐衰微。在这种情况下，诸葛亮一是要努力维系蜀汉政权，使其不被曹魏所灭；二是在维持蜀汉政权的基础上，北伐曹魏，复兴汉室。为此，诸葛亮也付出了艰辛的努力，

在诸葛亮的努力下，刘备去世时日渐衰微的蜀汉政权在刘禅即位后又得以重新振兴，并在诸葛亮去世后仍然延续了29年。可见诸葛亮为蜀汉大业所作出的贡献之大。

第四个功绩，就是诸葛亮善于以法治蜀，且成绩卓著。陈寿在《三国志·诸葛亮传》中，对诸葛亮坚持以法治蜀进行了高度的评价：

“科教严明，赏罚必信，无恶不惩，无善不显，至于吏不容奸，人怀自厉，道不拾遗，强不侵弱，风化肃然也。”

实施以法治蜀措施的成效，使人们对诸葛亮“畏而爱之”，官吏不敢为非，人人自励向善，形成了道不拾遗、夜不闭户的良好社会风气。

与此同时，以法治蜀还令蜀国的政治趋于稳定，经济得以发展，军事得以增强，从而保证在三国鼎立的形势之下，蜀国能够与强大的魏国长期抗衡。

以上诸葛亮的四大功绩，连同他在军事理论方面的政治功绩，共同奠定了诸葛亮作为著名政治家的坚实基础。因此，陈寿在《三国志·诸葛亮传》中，对诸葛亮在实践方面的这四大功绩给予了很高的评价。所以说，诸葛亮不但是三国时期最著名的政治家之一，也是中国古代历史上最著名的政治家之一。

（三）

作为军事家的诸葛亮，其主要功绩也有两方面。

一是在理论方面，撰写了不少军事理论著作，如《南征》《北出》《兵要》《军令》《兵法》等。这些军事理论著作有的是他的军事实践的指导思想，有的是他的军事实践的经验总结。

二是在实践方面，也有四大功绩。

第一，说服孙权接受孙刘联合抗曹的军事策略，取得了赤壁之战的巨大胜利。赤壁之战的胜利，也成为孙刘联盟、合力抗曹的战略决策在军事方面的成功体现，不但让刘备首次有了独立的战略基地，还奠定了后来魏、蜀、吴三国鼎立的基础，同时这也是诸葛亮本人军事才能的一次突出展现。

第二，以法治军，并取得了卓越的成效。诸葛亮以法治军的核心内容就是纪律严明，赏罚必信，具体表现如挥泪斩马谡、奖赏副将王平、引咎自贬三级等。

第三，他亲自指挥了平定南中的战役，并取得了巨大的胜利。南中四郡是少数民族聚居的边远地区，叛乱不断。诸葛亮对南中地区的叛乱采取了“攻心为上”的粗略，同时辅以必要的军事手段，最终令南中四郡彻底折服。

第四，他亲自指挥了北伐曹魏的五次战役。自建兴六年（228）春天开始，到建兴十二年（234）秋病逝五丈原军中为止，北伐历时7年之久。它既是蜀国军事史上最重要的战役，也是诸葛亮经营时间最长、倾注心血最多的战役。虽然北伐并没有完全取得胜利，但在诸葛亮的带领下，蜀军在一些具体的军事行动上也取得过一些局部的胜利，从中也可以看出诸葛亮出色的军事才能。

但是，几乎倾注了诸葛亮最后7年全部心血的北伐最终是失败了。失败的原因很多，最根本的原因就是蜀魏两国军事力量过于悬殊。不过，陈寿在《三国志·诸葛亮传》中谈及北伐失败的原因时，除了强调蜀弱魏强的客观因素外，还将失败的原因与诸葛亮本人的军事才能联系起来。

在陈寿看来，人的才能不可能兼备周全，诸葛亮也是如此。诸葛亮是像管仲、萧何那样的名相，其才能主要表现在治国理民方面，而不是军事方面。即使在军事上，他也是擅长治军而短于奇谋将略。而蜀汉后期缺乏谋臣名将，因此也只能以短于奇谋将略的诸葛亮亲自领兵北伐了。这也是北伐失败的原因之一。

总之，不论从政治上，还是从军事上，诸葛亮在历史上都占据重要地位。他一生所建立的卓越政治功绩和军事功绩，以及所表现出来的高尚品德和宽广胸襟，都使他不但成为三国时期最著名的丞相，而且也成为整个中国古代历史上最著名的丞相之一。

诸葛亮生平大事年表

公元181年（光和四年） 诸葛亮诞生于琅邪阳都（今山东沂南县）。

公元189年（中平六年） 母亲章氏去逝，父亲再娶继室。

公元192年（初平三年） 父亲诸葛珪去世。

公元194年（兴平元年） 与弟弟诸葛均及两位姐姐由叔父诸葛玄收养，其兄诸葛谨同继母奔赴江东。

公元195年（兴平二年） 叔父诸葛玄任豫章太守，诸葛亮及弟弟随叔父赴豫章（今江西南昌），后辗转至襄阳投奔刘表，在刘表所设的学业堂学习。

公元197年（建安二年） 叔父诸葛玄病故，诸葛亮与弟弟移居南阳。

公元199年（建安四年） 与友人徐庶等从师“水镜先生”司马徽。

公元207年（建安十二年） 刘备到隆中请诸葛亮出山相助，诸葛亮对刘备陈说三分天下之计， 即著名的“隆中对策”，旋即出山辅助刘备。

公元208年（建安十三年） 说服孙权与刘备结盟，孙刘联合开始。

公元209年（建安十四年） 任军师中郎将。

公元211年（建安十六年） 与关羽、张飞、赵云镇守荆州。

公元214年（建安十九年） 诸葛亮留关羽驻守荆州，与张飞、赵云率兵与刘备会师。刘备进成都，掌管巴蜀。诸葛亮任蜀军军师将军，署左将军，兼任大司马府事。

公元215年（建安二十年） 整顿巴蜀内政，刑法严峻。

公元218年（建安二十二年） 留守巴蜀，筹集军粮，供应在汉中作战的刘备。

公元221年（蜀章武元年） 刘备登基称帝，建立蜀国。诸葛亮任丞相。

公元223年（蜀建兴元年） 刘备病逝，临终前于白帝城托孤诸葛亮。刘禅继位，封诸葛亮为武乡侯，领益州牧。

公元224年（蜀建兴二年） 调整巴蜀内政，稳定因刘备病逝而混乱的人心。

公元225年（蜀建兴三年） 率军南征，稳定南部四郡。

公元226年（蜀建兴四年） 积极准备兴师讨魏。

公元227年（蜀建兴五年） 向后主刘禅呈交《出师表》，率军北伐。

公元228年（蜀建兴六年） 马谡在街亭失守，诸葛亮挥泪斩马谡，自贬为右将军，行丞相事。冬，诸葛亮第二次率军北伐，攻陈仓，不克，粮尽而还。

公元229年（蜀建兴七年） 第三次率军北伐，夺取武都、阴平，恢复丞相职位。孙权称帝，诸葛亮派陈震前往东吴祝贺，约盟平分天下。

公元230年（蜀建兴八年） 曹真、司马懿等三路伐蜀，因大雨道绝，魏军撤回。诸葛亮派魏延西入羌中，大败魏将郭淮等。

公元231年（蜀建兴九年） 第四次北伐，围攻祁山，大败司马懿，射杀魏将张郃。

公元232年（蜀建兴十年） 休兵养民，教兵讲武，做“木牛”“流马”运输粮食。

公元233年（蜀建兴十一年） 在斜谷修造邸阁，屯集粮食。

公元234年（蜀建兴十二年） 第五次率军北伐，驻军武功五丈原。8月，因积劳成疾，病逝于五丈原军中，享年54岁。